现代人力资源管理及信息化发展研究

徐小茹 ◎ 著

吉林出版集团股份有限公司

图书在版编目（CIP）数据

现代人力资源管理及信息化发展研究 / 徐小茹著
. — 长春：吉林出版集团股份有限公司, 2022.9
ISBN 978-7-5731-2314-5

Ⅰ. ①现… Ⅱ. ①徐… Ⅲ. ①人力资源管理－信息化
－研究 Ⅳ. ①F243

中国版本图书馆 CIP 数据核字 (2022) 第 175476 号

现代人力资源管理及信息化发展研究

著 者	徐小茹
责任编辑	王 平
封面设计	牧野春晖
开 本	710mm×1000mm 1/16
字 数	203 千
印 张	11
版 次	2023 年 3 月第 1 版
印 次	2023 年 3 月第 1 次印刷

出版发行 吉林出版集团股份有限公司
电 话 总编办：010-63109269
发行部：010-63109269
印 刷 北京市兴怀印刷厂

ISBN 978-7-5731-2314-5 定价：79.00 元

前　　言

　　自从党的十八大以来，党中央、国务院高度重视数字经济的发展，作出建设"数字中国"的战略决策。党的十九届五中全会通过了《中共中央关于制定国民经济和社会发展第十四个五年规划和 2035 年远景目标的建议》，其中明确提出要"加快数字化发展"，并对此作出了系统部署，数字化和信息化是我国企业未来的基本方向。

　　在当前的世界范围内，信息技术已经充分且深入地渗透和应用到生产、生活的各个领域，在社会经济增长中扮演着越来越重要的角色。相对于工业经济时代而言，现代信息技术为代表新型技术正在成为引领企业管理转型发展的强劲驱动力，如何推动企业实施信息化转型也成为企业面对未来竞争，实现快速发展的重要内容。信息化人力资源管理是指以先进的电子信息技术为手段，以软件系统为平台实现低成本、高效率、全员共同参与管理过程，实现人力资源战略地位的全面、开放的人力资源管理新模式。人力资源管理不仅是企业管理体系的核心功能，也是获得持续竞争力的关键所在，还是企业信息化化转型的重要基石。

　　如今很多的企业都将人力资源管理信息化发展提升到新的高度，但是依然面临诸多现实困境，导致难以获得应有的效果。人力资源管理信息化发展应该结合企业自身的现实基础，需要充分利用基本要素并依据基本逻辑来确定合适的转型模式和实施路径，如此才能为企业系统性变革提供有力支持。企业实施人力资源管理应当根据环境的需要做出相应的改进，在信息化环境下对企业人力资源管理实施创新和改革，应当结合信息化的环境，实施运作机制的改进，是目前企业人力资源管理发展的必然选择。随着信息化和互联网的发展，企业面临的竞争压力不断加剧，企业人力资源管理水平面临较大挑战，为此本书从信息化视角和网络的视角对企业的人力资源管理信息化进行了分析和研究，希望能够为我国企业人力资源管理在信息化时代的发展提供一定的借鉴。

　　本书共分七章对现代企业人力资源管理的信息化发展进行了研究，主要内容包括三个部分，第一部分为第一和第二章，分析研究了人力资源管理的基本理念，并对人力资源管理信息化的现状进行了分析，第二部分从招聘、培训、薪酬、福利以及劳动关系管理几个方面对人力资源管理的信息化发展进行了具体的分析，内容涉及第三、四、五三章，第三部分对为第六章和第七章，对人力资源管理信息系统和人力资源网站建设等实践性内容进行分析和压就。

为了确保研究内容的系统性和准确性，本书在创作过程中参考了大量理论与研究文献，在此向涉及的专家学者们表示衷心的感谢。最后，限于笔者水平有不足，加之时间仓促，本书难免存在疏漏，在此，恳请同行专家和读者朋友批评指正！

作　者

2022 年 7 月

目　　录

第一章　企业人力资源管理及其现代化

第一节　人力资源管理概述

一、人力资源

（一）人力资源管理的概念

从经济学角度来说，资源是为了创造物质财富而投入到生产活动中的一切要素。一般来讲，资源可以分为自然资源、资本资源、信息资源和人力资源。

其中人力资源指能够推动整个经济和社会发展的劳动者的能力，即处在劳动年龄的已直接投入建设或尚未投入建设的人口的能力。它是生产活动中最活跃的因素，也是一切资源中最重要的资源，由于该资源特殊的重要性，它被称为"第一资源"。

（二）人力资源的构成

在数量方面人力资源是由 8 部分人口构成。具体划分如下：

（1）适龄就业人口：指处于劳动年龄之内、正在从事社会劳动的人口，这也是构成人力资源数量的主要部分。

（2）未成年就业人口：指尚未达到劳动年龄、但已经从事社会劳动的人口（法律禁止的需要除外）。

（3）老年就业人口：指已经超过劳动年龄、仍然继续从事社会劳动的人口。

（4）求业人口：指处于劳动年龄之内的、具有劳动能力并希望参加社会劳动的人口。

（5）就学人口：指处于劳动年龄之内的、正在从事学习的人口。

（6）军队服役人口：指处于劳动年龄之内的、正在军队服役的人口。

（7）处于劳动年龄之内的其他人口。

其中（1）～（3）三部分人口，构成社会就业的人口，即现实的人力资源；其他为潜在的人力资源。

人力资源质量方面的构成包括人的心理、行为、学历、智力以及能力等方面。

（三）人力资源的特征

人力资源是经济资源的一个特殊的种类，既有质、量、时、空的属性，同时也具备自然的生理属性。研究人力资源的特点，对于把握它的数量、质量，对于研究它的形成、开发、配置、使用的意义是非常重大的。

1. 人力资源具有主观能动性

人不同于自然界的其他动物的根本标志之一是具有主观能动性，能够积极主动、有目的、有意识地认识世界和改造世界。在对客观世界进行改造的过程中，人能通过意识对所采取的行为、手段及结果进行分析、判断和预测。由于人具有社会意识和在社会生产过程中所处的主体地位，使得人力资源具有了能动作用。人力资源的能动性主要有三个方面的表现：

（1）自我强化。通过接受教育或主动学习，使得自己的素质（如知识、技能、意志、体魄等）得到提高。

（2）选择职业。在劳动力市场上具备择业的自主权力，即每个人均可按照自己的爱好与特长自由地选择职业。

（3）积极劳动。人在劳动过程中，会产生敬业、爱业精神，能够积极主动地利用自己的知识和能力、思想与思维、意识与品格，有效地利用自然资源、资本资源和信息资源为社会和经济的发展创造性地开展工作，完成自己的工作职责。

另外，人力资源还是惟一能起到创造作用的因素。由于人具有创造性思维的潜能，这种潜能可在两个方面发挥作用：

（1）人在社会和经济发展过程中往往能创造性地提出一些全新的方法，加速社会的进步和经济的发展。

（2）环境的变化要求人是能适应的，担负起应变、进取、创新发展的任务，从而使组织更加充满活力。

2. 人力资源具有时效性

人力资源是存在于人的生命之中，它是一种具有生命的资源，它的形成、开发和利用都要受到时间方面的限制。从个体角度来看，作为动物有r机体的人，是有着自己生命周期的，如幼儿期、青壮年期、老年期，不同阶段的劳动能力是不相同的，因而这种资源在各个时期的可利用程度也不相同。从社会角度看人才的培养和使用也有培训期、适用期、最佳使用期和淘汰期的过程，这是由于随着时间的推移，社会不断向前发展，科学技术也不断的进步，这使得人的知识和技能相对老化而产生的结果。因此，人力资源开发必须尊重其内在的规律，使得人力资源的形成、开发、配置和使用处于一种动态平衡之中。

3. 人力资源具有两重性

人力资源既是投资的结果，同时又能创造财富，或者它是生产者也是消费者。人力资源的两重性，要求我们既要重视对人口数量的控制，更要重视对人力资源质量的开发和人才的培养。充分地利用和开发现有的人力资源，是降低人力资源成本，获取人力资源收益的基本途径。

4. 人力资源具有可再生性

与物质资源一样，在使用过程中人力资源也会出现无形或有形的磨损。人自身的疲劳和衰老就是有形磨损，这一损耗是不可避免的、无法抗拒的。无形磨损是指个人的知识和技能与科学技术发展相比的相对老化，我们可以通过一定的方式与方法减少这种损耗。物质资源在形成产品、投入使用并磨损以后，一般予以折旧，不存在继续开发问题。在使用人力资源的过程中，有一个可持续开发，丰富再生的独特过程，使用过程也是开发过程。人在工作以后，可以通过不断地学习使自己的知识得以更新，提高自己的技能；而且通过工作，可以积累经验，充实提高。所以，人力资源能够实现自我补偿，自我更新，自我丰富，持续开发。这就要求人力资源的开发与管理要注重终生教育，对后期的培训与开发需要加强，要不断提高道德水平。

5. 人力资源具有社会性

由于每一个民族（团体）都有其自身的文化特征，每一种文化都是一个民族（团体）的共同的价值取向，但是这种文化特征是通过人这个载体而表现出来的，由于每个人受自身民族文化和社会环境影响各不相同，其个人的价值观也就存在着差异，他们在生产经营活动、人与人交往等的社会性活动中，其行为可能与民族（团体）文化所倡导的行为准则发生矛盾，可能与他人的行为准则发生矛盾，这就要求人力资源管理注重团队的建设，注重人与人、人与群体、人与社会的关系及利益的协调与整合，倡导团队精神和民族精神。

二、人力资源管理

（一）人力资源管理的概念

人力资源管理，是指对人力资源的生产、开发、配置、使用等诸环节所进行的计划、组织、指挥和控制的管理活动。它是研究组织中人与人关系的调整，人与事的配合，以充分开发人力资源潜能，调动人的积极性，提高工作效率，改进工作质量，实现组织目标的理论、方法、工具和技术。一个人力资源管理部门，要对所获得的人力资源进行整合、调控及开发，并给予他们报酬进而有效地开发和利用之。

人力资源管理是实现组织目标的一种手段。在管理领域中，人力资源是以人的价值观为中心，为处理人与工作、人与人、人与组织的互动关系而采取的一系列的开发和管理活动。人力资源管理的结果，就组织而言是组织的生产率的提高和组织竞争力的增加；就员工而言则是工作生活质量的提高与工作满意度的增加。生产率的提高反映了产出的商品或提供的服务与投入的人力、财力、物力的关系，工作生活质量则反映员工在工作中所产生的生理和心理健康的感觉。

（二）人力资源管理的特点

1. 普遍性

人是社会的人，人类社会要生存发展就要处理好人、事、组织之间的关系，就需要人力资源管理。可以说，人力资源管理是伴随着人类社会的发展而发展的，由此也决定了人力资源管理的普遍性。

2. 适应性

经济基础决定上层建筑，上层建筑反映经济基础，并为其服务。作为上层建筑的人力资源管理制度正是在适应生产力不断发展的过程中不断完善的，它与当前的生产力和经济基础是相适应的。所以人力资源管理也就具有适应性。

3. 综合性

社会是复杂的，人和事也是多种多样的，随着客观情况的变化而不断变化，这就决定了进行人力资源管理时要考虑经济、文化、政治、组织、心理、民族等各方面的因素。因此，人力资源管理的难度、复杂性较高，是一门综合性的学科。

4．民族性

人是有思想的，人又是社会的人，人的思想感情影响着人的行为，而民族文化传统又制约着人的思想感情。人力资源管理以人为重点，理所当然带有鲜明的民族特色。

5．全面性

人力资源管理不仅以人力资源作为自己的管理对象，而是将全体有关人员都纳入自己的管理范围中来。因为人力资源的概念是动态的、相对的，所以在实施人力资源管理中应该尽量避免人才的概念，非人才群体也是人力资源管理的对象。

（三）人力资源管理的意义

人是人类社会政治、经济、文化等诸多方面最为重要的因素。因此，在人类所拥有的一切资源中，最宝贵的是人力资源。实践证明，重视并加强人力资源管理，对于促进社会和组织发展，提高劳动生产率，获取最大的社会和经济效益的意义是非常重大的。

1．有利于充分发挥员工的积极性、创造性

人既是经济人同时还是社会人。因此，任何组织的员工既受组织自身的影响又受到社会的影响。有调查发现：按时计酬的员工每天只要发挥自己 20%～30%的能力，就足以保住个人的饭碗。组织通过重视和加强人力资源管理，为劳动者创造并提供适宜的工作环境和工作制度，妥善处理物质奖励、行为激励和思想教育工作之间的关系，可以将员工的潜力充分的挖掘出来，将员工的积极性、主动性和创造性最大限度的发挥出来。

2．有利于促进组织和社会的发展

企业组织通过人力资源管理，可以使得各生产要素之间不论在质的方面，还是量的方面，不断地得以协调，达到资源的最佳配置，不仅可以使正常的生产经营秩序得以保持，保证人力资源管理活动的各环节互相协调，相互衔接，保证人力资源管理活动与企业的战略方向和目标一致；而且由此保证了组织和社会发展目标的实现。

3．有利于管理者及被管理者的共同发展

通过对人力资源进行管理，使组织的每一员工能够对自身有一个正确的认识，更加尊重别人，创造更加和谐的关系，同时通过人力资源培训教

育与开发，使得员工的理论知识和各种技能不断提高，使员工对组织和社会的适应能力不断增强。

三、人力资源管理的内容

（一）人力资源管理的主要内容

人力资源管理，与其他管理职能一样，它服务于企业总体战略目标，是一系列管理环节的综合体。人力资源管理的主要环节包括以下四个方面：

1. 人力资源规划

它是指企业为适应内外环境的变化，以企业总体发展战略为依据，并对员工的期望充分考虑，而制定的企业人力资源开发与管理的纲领性长远规划。人力资源规划是企业人力资源开发与管理活动的重要指南，是企业发展战略的重要组成部分，也保证了企业的发展战略有效的实施。

2. 职务分析与评价

职务分析就是对企业所有工作岗位的特征和任职要求进行界定和说明。具体来讲，职务分析是对组织中某个特定工作职务的目的、任务、职责、权力、岗位隶属关系、工作条件、任职资格等相关信息进行收集与分析，以便对该职务的工作作出明确的规定，并确定完成该工作所要求的行为、条件、人员的过程。职务分析的结果是形成每一工作岗位的职位描述、任职资格要求、岗位业务规范；职务评价是对企业各工作岗位的相对价值进行的评估和判断。具体来说，职务评价就是找出企业内各种职务的共同付酬因素（如岗位职责、任职资格要求、工作困难程度、工作环境的艰苦程度、岗位供求关系等），根据一定的评价方法来确定不同工作岗位的价值。职务评价的结果是形成企业不同工作岗位的工资体系。职务分析与评价就像产品的说明书和产品标价，产品说明书和产品标价能够使消费者明明白白地消费，而职务分析和评价能使员工明明白白地工作、清清楚楚地拿钱，所以，职务分析与评价是企业人力资源管理的基础业务。

3. 招聘、培训、绩效考核、薪酬管理

招聘是人力资源核心业务的首要环节，它是企业不断从组织外部吸纳人力资源的过程，能保证组织源源不断的人力资源需求；培训是企业人力资源开发的重要手段，它包括对员工的知识、技能、心理素质等各方面的培训，是企业提升员工素质的重要保障；绩效考核是指运用科学的方法和标准对员工完成工作的数量、质量、效率及员工行为模式等方面情况进行综合评价，从而确定相应的薪酬激励、人事晋升激励或者岗位调整，绩效考核是实施员工激励的重要基础；薪酬管理是企业人力资源管理的一个极为重要的方面，它主要包括薪酬制度与结构的设计、员工薪酬的计算与水平调整、薪酬支付等内容，是企业对员工实施物质激励的重要手段。

4. 人力资源管理的其他工作

人力资源管理的其他工作主要有人事档案管理、员工合同管理、员工职业生涯管理、退休员工管理、员工健康与安全管理、劳动关系管理等。

四、人力资源管理的基本职能

（一）人力资源规划

系统分析和确定组织人力资源需求的过程就是人力资源规划，以确保在组织需要时能获得一定数量的可以满足岗位要求的员工。在制定人力资源规划时，进行职务分析是首先要做的，以确定每一个工作岗位的职责、任务、所需的知识技能和能力。人力资源规划和职务分析为人力资源招聘和选拔提供了依据。

（二）员工招聘和选拔

随着竞争不断加剧，组织发展和赢得竞争优势的基础是拥有足够数量的可以满足组织要求的人力资源。在战略型人力资源管理中，员工招聘和选拔的理念与以往相比发生了变化。发现人才、吸引人才、构建组织潜在新员工供给来源、选拔最适合组织的人才成为招聘选拔工作的重要任务。

（三）人力资源开发

在人力资源管理中人力资源开发是具有战略性意义的工作。任何一个组织都处在一个不断变化之中，为保证组织获得并保持竞争力，就必须不断的对人力资源进行开发，使人力资源不断增值。人力资源开发包括员工职业生涯计划、员工发展、业绩评估等工作，它应该贯穿于员工职业生涯始终，并且与组织目标紧密联系在一起。

（四）员工薪酬管理

薪酬和福利是对员工工作付出的合理回报。组织吸引人才的一个重要方面就是具有有竞争力的薪酬福利体系，同时这也是激励员工的重要手段。完整的薪酬体系应包括两个方面，即货币薪酬和非货币薪酬。

（五）企业文化和领导艺术

现代人力资源管理强调"以人为本"的管理理念，管理过程的人性化受到注重。将建设企业文化纳入人力资源管理的范畴内，其目的就在于通过企业文化树立组织的价值观，使组织成员的行为得到规范；"以人为本"的管理理念也使得领导艺术成为现代人力资源管理的重要内容。

（六）劳动关系与劳动法律

人力资源管理涉及劳动关系的诸多方面，如劳动用工、劳动时间、劳动报酬、劳动保护、劳动争议等方面。随着有关法律的不断健全，人力资源部门在处理有关劳动关系的事宜时必须按照法律的程序执行。

人力资源管理的各个职能之间联系紧密，并且相互影响。职务分析和人力资源规划是人员招聘和选拔的依据，也是业绩评估和员工培训的依据和标准；有效的招聘可以减少员工的培训，将工作水平提高；具有竞争力的薪酬有助于吸引人才，也有助于激励员工。

传统的人力资源管理称之为人事管理，其主要工作内容是招聘、培训、工资发放、档案管理等，承担着单纯的行政事务性职能。而现代人力资源管理摆脱了单纯的行政事务工作，从人力资源管理的全方位支持组织战略目标的实现。

传统的人事管理从事的是简单重复性工作，面对的问题是常规的，通常可以用标准化的解决方案来处理。现代人力资源管理面临的问题是组织的不断变化给人力资源管理工作提出了新要求，从事的是复杂的、非常规性的工作，没有标准的解决方案，所处理的每一项业务都需要专业知识与技术，如薪酬方案设计、选择招聘工具、促进员工发展等。如今，越来越多的组织将事务性工作委托给专门的人事服务机构，而将更多精力放在制定人事战略、开发人事工具、为员工及业务部门提供人事咨询等职能上。

五、人力资源管理内容的转变

对企业中人力资源管理的重视，要求人事管理向人力资源管理的转变，即从单纯的认识观点转向人事－经营的观点，从事务导向转向战略导向，从强调控制转向重视开发，从封闭管理转向开放式管理。

（一）从单纯人事观点转向人事—经营观点

人事管理建立的人事控制体系把人的因素与经营活动分割开来。人力资源管理则强调经营需要的重要性，建立综合考虑人的问题与经营问题的机制。简单讲，人事管理是用单纯的人事观点解决人事问题，把人事问题仅仅看作是人的问题，不会把它和企业的经营活动联系起来。事实上，许多人事问题的背后隐藏着经营问题，是经营问题造成的，经营问题不解决，人事问题不可能解决；反之亦然，许多问题从表面上看是生产问题，或销售问题，或财务问题，实际上是人的问题，人的问题不首先解决，其他问题不可能解决，或不可能从根本上解决。人事工作与其他经营活动是相互影响的。人力资源管理要求把人的因素与企业经营的因素结合起来解决人事问题，在更大程度上与企业决策相联系。

（二）从事务导向转向战略导向

传统的人事管理大多属于行政事务性工作。例如，与求职者面谈，向新职工介绍企业情况，组织职工参加培训，办理人员入职、离职手续，编制工资表并按时发放工资，保管人事档案资料等。人力资源管理并不排除日常的人事行政工作，与人的管理有关的各项日常工作必须有效地和恰当地予以完成，但又不能限于这些日常工作。随着经营环境的变化，人力资源管理还要承担起战略职能，如制定人力资源规划，分析劳动力变化趋势，协助企业进行改组和裁员，跟踪国家政策与法律法规的变化等。在这两种职能中，人力资源管理更多地强调战略职能，强调如何使人力资源为实现企业目标做出更大贡献。

（三）从强调控制转向重视开发

传统的人事管理观念强调控制，将职工看作是被管理、被控制的对象，将人事制度看作是进行控制的工具，制定许多的规章制度要求职工遵守，如实行考勤制度、考绩制度，对违纪违规的职工给予扣发奖金、罚款等严厉惩罚。传统的人事管理事实上是把人单纯地看作成本，支出越少越好，减少支出就要加强控制，很少考虑对人进行投资从而获得更大的回报。此外，传统的人事管理缺乏激励机制。人力资源管理则将人视为一种在生产过程中起能动作用的特殊的经济资源，认为在经济发展主要依靠知识的新经济时代，作为知识载体的人在经济发展中具有特殊地位和作用。因此，人力资源管理要求将职工视为企业非常珍贵的资源与财富，与资金、技术和其他投入要素具有同等的重要性，只要对人力资源加以开发和有效的管理，就能使之成为提高企业竞争力的重要推动力。

（四）从封闭式管理转向开放式管理

传统的人事管理将企业看作是不受外部环境影响的封闭的系统，这种观念显然不能适应市场经济的要求，也不符合今天的实际情况。人力资源管理将企业看作开放的系统，人力资源管理工作不仅受企业生产、销售、财务、经营战略等内部环境的影响，还受经济、技术、社会文化、政治法律、市场竞争等外部环境的影响。因此，人力资源管理对环境变化的反应能力和适应性变得非常重要。

人事管理向人力资源管理转变是管理观念的根本性变革。如前所述，人力资源管理信奉并遵守以人为本的管理观念，强调人的价值，尊重人，信任人，认为人人都有自我发展、自我实现的追求。

第二节　新时期人力资源管理面临的挑战及发展趋势

一、新时期人力资源管理面临的挑战

人力资源管理的一个基本的假定是：不同的人事管理决策导致不同的结果。其原因是经理人员的人事决策不仅影响经理人员本身的成败，也影响着员工的行为、绩效和满意程度，从而影响员工对客户的态度，影响他们的公平感，最终影响到整个组织的绩效。而管理人员的人力资源管理决策所依赖的客观环境和主观条件都在不断变化，这对今后人力资源管理理论和实践的发展都构成重要的约束。在制定人力资源管理决策时，必须考虑到组织的特征、工作的特性，以及组织的内外部环境。其中，外部环境包括经济、政治、社会文化、法制等多方面因素，而有关人力资源管理决策的组织层面的因素则包括组织的规模、行业、地理位置以及研究开发在组织中所处的地位等。与人力资源管理有关的组织特征包括组织的财务状况、组织所应用的技术、经营战略和组织结构的设计。所有这些因素对组织中工作的特性以及人力资源管理都具有重要的影响。

（一）组织的发展战略与人力资源管理

一个组织的战略要为组织设定长期目标，研究诸如进入什么行业；以及如何与对手开展竞争等问题。组织战略将决策方向与发展方向结合在一起以实现特定的目标，并且组织在不同的发展时期会制定不同的发展战略。战略发展问题，最基本的战略问题是整个组织层次的，如决定组织应该进入什么行业。同时，企业中的每个经营单位（如利润中心）都要涉及部门层次的战略问题。这一层次的战略决策重点考虑如何在特定的市场上开展竞争。一个企业有财务部门、市场部门、人力资源管理部门等职能部门。这些具体部门的战略的基本目标是更好地服务于整个组织和所在部门目标的达成。在这一层次上，战略应该转化为可以操作的目标。以人力资源管理部门的战略为例，它包括以下三个主要任务：第一，确保组织的人力资源与企业的经营战略相互配合；第二，建立人力资源的目标与计划；第三，与各个部门的经理人员合作，确保人力资源计划的贯彻执行。

目前，美国学者特别强调所谓的战略人力资源管理。战略人力资源管理的基本假定是适应组织条件的人力资源管理决策对组织绩效具有积极的影响。换言之，人力资源的战略决策有助于帮助经理人员制定人事决策，从而促进组织的成功。具体而言，组织的外部条件、组织本身的条件和员工的特征相互配合，在此基础上制定出关键的人力资源管理决策，从而促进组织绩效。组织绩效表现在实现组织战略目标、改善组织财务状况、增加企业股票的市场价值和改进员工的表现等。

（二）财务状况、技术与人力资源管理决策环境

从企业的财务状况来看，如果企业没有足够的收益，就无法向员工支付报酬、无法进行培训项目，也无法资助下岗员工寻找新的工作。在组织的人力资源管理活动中，尤其是雇用多少员工、支付多高的报酬以及是否对其进行培训等活动占支出的很大比例。因此，企业在制定这些决策时必须考虑自身的财务状况。在法制比较健全的情况下，人力资源管理甚至还要涉及企业在什么财务状况下才可以暂时解雇员工。当然，利润分享计划允许员工报酬随着企业财务状况的变化而变化，因此具有一定的弹性。

企业的技术是指组织在提供产品和服务的过程中所使用的程序和工艺。技术的进步把人们从危险、繁重和枯燥的体力劳动中解放出来。特别是技术的进步使得采用这些新技术的小企业有能力与大规模的发展缓慢的企业进行竞争。由于新技术而出现的新的工作岗位确实比现有工作岗位要求更

高的技能水平，因此各个企业都需要使自己的员工在技能上具有足够的灵活性以适应这种不断变化的技术发展。员工在工作设计中参与决策有助于提高员工对不断变化的技术要求的适应性。一般地，技术可以分为大规模生产技术和灵活分工技术。大规模生产采用专用技术生产标准化的产品，因此只需要一般技术的员工。在灵活分工的情况下，工作任务比较复杂，对员工的技术水平要求比较高。任务通常分配给工作小组而不是员工个人，员工以工作小组的形式组织起来。即使生产相同的产品，也可以采用不同的技术水平。运用灵活分工的技术可以减少员工工作种类的划分，增加企业对环境变化的适应性。

（三）人力资源决策与组织结构的相互配合

一般情况下，人力资源决策应该与组织的结构相互适应。组织的结构是组织条件的一个重要方面，对人力资源管理决策具有重要的影响。在传统的金字塔式组织结构中，强调的是命令、控制与执行。在这种情况下，员工的任务被清晰地描述出来，因此组织对员工的期望是明确的；员工的晋升路线是清晰的垂直晋升，晋升意味着责任的增大、地位的提高和更高的报酬；人力资源管理的全部信息都集中在组织的最高管理层。相比之下，在扁平式组织结构中，强调对员工的授权，并把被授权的员工组织成工作小组；组织鼓励员工扩大自己的工作内容，提高员工的通用性和灵活性；培训系统和报酬系统都支持水平的晋升。在网络化组织中，多个企业根据各自员工的专长组成各种工作小组，完成特定的任务；这种工作小组通常包括各个方面的专家；在网络化组织中，一般更加强调员工的参与管理，重新构造组织的边界。从趋势上看，人力资源管理将更加强调员工个人与工作小组在员工前程和就业安全中的责任，工作小组的绩效将成为关注的核心。

随着组织结构的变化，经理人员的作用也在发生变化。在金字塔式的组织结构中，经理人员的主要作用是指挥员工、最大化员工的努力、实施和贯彻上级推动的变革、简洁明了地沟通信息。在扁平化组织中，经理人员的作用是促使员工积极参与、在各个工作小组之间进行协调、为工作小组向上级争取各种资源、同工作小组成员进行互动式沟通。在网络化组织中，经理人员的作用是发展合作伙伴、帮助多元化工作小组积极合作以实现企业全局的目标、促进持续的技术创新以不断满足客户的需要、判断不断完善工作方式的需要。

（四）员工对工作生活质量的要求

工作生活质量一般有两种含义，一是指一系列客观的组织条件及其实践，包括工作的多样化、工作的民主性和工人参与管理的程度，以及工作的安全性。二是指员工工作后产生的安全感、满意程度以及自身的成就感和发展感。第一种含义比较强调描述工作的客观状态，第二种含义比较强调描述员工的主观需要。如果把这两种含义结合在一起，工作生活质量就是指员工喜欢他们所在的组织，同时组织也具备能够满足员工自我成就需要的工作方式。换言之，工作生活质量是指在工作中员工所产生的心理和生理健康的感觉。美国的一项调查表明，在辞职的打字员中，有 60% 是由于工作枯燥无聊，而不是工作任务繁重。

影响工作生活质量的因素有很多。美国工作研究所在 20 世纪 80 年代进行的研究显示，衡量员工工作生活质量的因素包括：劳动报酬（77% 的工人认为最重要）、雇员福利（主要指医疗保健和退休保险问题等）、工作的安全性、灵活的工作时间、工作的紧张程度、参与有关决策的程度、工作的民主性、利润分享、企业改善雇员福利的计划和一周 4 天工作制等。在美国，劳资谈判对决定工作生活质量的内容具有重要的作用。第一次工作生活质量协议是 1973 年在美国汽车工人联合会与通用汽车企业之间通过谈判达成的。目前，在美国至少有 20% 以上的劳资协议包括了提高工作生活质量的计划。企业管理部门接受工作生活质量要求的目的是减少员工的抱怨和争吵，促进员工的积极性，提高产品质量和降低缺勤率，从而获得效益。

美国通用汽车企业的工作生活质量计划很有代表意义。为了消除员工阶层与管理阶层合作的障碍，他们采取了一系列措施。其中在着装要求上，普通员工和管理人员都着工作便装，不系领带。在停车问题上，通用汽车企业关闭了管理人员的车库，不实行管理人员的保留车位制度，普通员工与管理人员使用相同的停车场。在饮食服务设施上，也没有普通员工和管理人员的区别，使用同一个餐厅，不设单间。此外，休息室也没有普通员工和管理人员的区别。通用汽车企业在质量检验环节也做了很大的改进。他们认识到高质量的产品不是检验出来的，而是由各个生产环节的员工生产出来的。因此，他们改变了原来那种检验最终产品的做法，而是将产品质量的检验落实到每一道工序和每一位员工。具体做法是使用一张品质检验单伴随生产的全过程。在产品生产的每一个环节，员工都要在上面填写本道工序的要求是否已经正确地完成，还有哪些问题需要下道工序在加工时注意。这种质检方法提高了员工的参与程度，增强了员工的责任心，使员工能够更直接地感受到自己工作的成果和意义。

为了提高员工的工作生活质量，企业可以采取一系列的措施。工作生活质量的核心是员工参与管理。员工参与管理本身意味着组织中权力的再分配，因此它要求经理人员把下属看做成熟的个人。它对于原来的主管人员的工作既是一种补充，也是一种挑战。日本式的企业管理是以高度的参与和认同为基础的管理。日本的工人在企业中感到自己受到尊重，被企业关心，同时他们也忠心耿耿地为企业的最大利益而努力工作。从美国的实践看，工人参与企业管理的形式主要有以下五种：

（1）建立质量控制小组以及解决各种问题的小组。工作小组的形式有很多，每个小组一般由本部门的 4~10 名雇员组成，主要解决浪费、设备损坏和维护、工作设施和配合等问题。

（2）劳资双方合作。组成劳资委员会，以使劳资双方求大同存小异，防止矛盾发生或升级。在美国，劳资合作是提高员工工作生活质量的制度基础。

（3）参与工作设计和新工厂设计。参与式工作设计对那些工作任务具有高度的独立性，同时雇员具有强烈的个人成长发展要求的小组特别有效。这些小组对工作的计划、操作和质量控制负责。

（4）实现收益分享和利润分享。这种参与方式在工人的行为对决定经济效益的因素（工时、材料损耗等）具有很大影响的情况下非常有效。收益分享计划的含义是指建立以时间—动作研究为基础的生产标准，对于生产率提高获得的收益部分由企业和雇员共同分享。

（5）实行企业的雇员所有制。这种参与方式通常是在企业处于危险的情况下才实施的。雇员通过购买企业股票而部分地或全部地获得业主权比较适合于规模比较小的企业。现有的实践结果表明，通过工作奖励制度来提高生产率和通过工作内容的改革来增加工人的责任心和自觉性是最有效的参与形式。

（五）人力资源管理观念的演变

人力资源管理观念是指一个人对人的行为的基本假定以及据此采取的人事管理行动。这些假定包括：他们值得信任吗?他们喜欢工作吗?他们有创造力吗?他们的言行为什么会不一致?应该怎样对待他们?等等。人力资源管理的观念直接影响到各项人事管理决策。一个企业的人力资源管理观念取

决于以下几个决定因素:

1. 企业高层管理当局的哲学观

美国拍立得(Polaroid)企业的首席行政官埃德温·兰德(Edwin Land)的管理哲学是:"让企业所有的员工都有竭尽才智的机会,能表达其意见,能在其能力许可之下共享企业的繁荣,能赚足够的钱,使他不至于把赚更多的钱这件事一直放在心头。总而言之,让他们的工作得到充分的报酬,而且使工作成为他们生活中重要的组成部分。"韩国三星集团的李健熙会长的管理哲学是"三星不是我的企业,是我们的企业"。正是在这种积极健康的管理哲学的驱使下,这些企业才能制定和实行了既有利于员工成长也有利于企业发展的人力资源管理决策。

2. 关于人性的基本假定

在管理思想发展史上,学者们已经提出了多种关于人性的假定。麦格雷戈(D.McGregor)提出了X理论和Y理论。X理论的基本假定是:人们普遍不喜欢工作,尽可能逃避;由于人的本性不喜欢工作,所以必须用强迫、控制、指挥和惩罚等手段才能使人付出努力;一般而言,人宁可接受指挥,而不愿承担责任。Y理论的基本假定是:一般而言,人的本质不是不喜欢工作;要使人们努力工作来完成组织的目标,高压控制与威胁惩罚并不是唯一的手段;成就感、自尊和自我实现等较高层次的需要可以激发人们的积极性;在适当的条件下,大多数人不仅会承担责任,而且会更进一步主动承担责任;多数人都能发挥出相当水平的想象力、聪明才智和创造力,来解决组织中的各种问题。

3. 激励员工的需要

经理人是通过别人来实现组织目标的,因此,只有设法激励员工努力工作,才能成为有效的管理者。激励机制包含两个要素:第一,发现他需要什么,然后用这个事物作为员工完成工作的报酬;第二,确定他的能力是否可能完成这项工作。换言之,欲望和能力是实现激励功能的两个要素。激励模式对企业的人力资源管理政策的制定有很大的指导意义。在激励员工的过程中,最重要的问题是:员工的工作积极性是否很高?如果不是很高,那么可以有以下几种选择:第一,提高员工的能力,方法是进行工作分析、选拔、训练和发展;第二,满足员工的欲望,方法是采用激励原理,执行薪酬计划,对员工提供奖励、福利和服务;第三,进行绩效评估,发现问题并寻找修正措施。

二、人力资源管理的发展趋势

（一）科学的考评和合理的价值分配成为激发员工创造性的关键

作为智力资本的所有者，知识型员工除了要获得工资性收入外，还要求与货币资本的所有者共享企业的价值创造成果。报酬不再是一种生理层面的需求，而是一种成就欲望层面的需求，是个人价值与社会身份的象征。知识型员工内在的需求模式的混合交替性加剧了薪酬体系的设计难度，为了开发员工的潜质，企业必须"按知分配"，提供涵盖组织权利（包括股权、职权、机会等）和经济利益（包括工资、奖金、红利、福利等）的多元价值分配形式。

（二）工作设计与职业生涯管理成为人力资源开发的永恒主题

知识型员工的工作积极性主要来自与工作本身相关的因素，追求更高层次的需要成为驱使行为的动力。管理者在进行工作设计时，必须充分考虑员工潜在的多元化需要，用角色定位的说明书代替传统的工作说明书，对人力资源进行分层、分类管理，根据层次、类别的不同制定不同的任职资格、行为标准和工作规范，做好企业价值要求与员工成就意愿的协调工作，加强人才的风险管理，通过信息、网络组建虚拟工作团队或项目团队。在人力资源规划过程中，不仅要设计和改进职业阶梯，为员工提供更多的职业发展机会，使其明确长期目标，树立为企业发展而奋斗不息的信念；而且应通过教育、培训等方式积极鼓励、引导员工进行个人职业生涯设计，帮助员工实现岗位的水平轮换和垂直升迁，使员工在流动中重新认识自我，以便最大限度地开发其潜能。

（三）新世纪是人才主权的时代，人力资源管理的重心是知识型员工

人才主权是指人才具有更多的就业选择权与工作的自主决定权，而不是被动地适应企业或工作的要求。企业要尊重人才的选择权和工作的自主权，并站在人才内在需求的角度，为人才提供人力资源服务，以赢得人才的满意与忠诚。人才主权时代的动因主要有三个方面：首先，知识与职业经理人成为企业价值创造的主导要素，企业必须承认知识创新者和职业企业家的贡献与价值，资本单方面参与利润分享的历史已经结束，知识创新者和职业经理人具有对利润的索取权。这就彻底改变了资本所有者和知识所有者之间的博弈关系，利润的索取权力是人才主权的基础和理论依据。

其次，21 世纪，社会对知识和智力资本的需求比以往任何一个时代都更为强烈，导致知识创新者和职业企业家等人才短缺的现象加剧。这就一方面使资本疯狂地追逐人才，另一方面，人才揣着能力的选票来选企业，具有更多的工作选择权。人才通过引入风险资本，即用知识雇佣资本，通过知识转化为资本的方式，来实现知识的资本化。

最后，世界经济的一体化，使人才竞争国际化。我国加入 WTO 后，受到冲击最大的不是我们的产品市场，而是人才市场，尤其是企业家人才和热门技术人才的竞争日益白热化。这就使人才流动的范围拓宽，人才职业选择权加大。人才主权时代使得那些能够吸纳、留住、开发、激励一流人才的企业成为市场竞争的真正赢家，同时，也有可能给企业带来短时间的负面效应：一方面，企业一味通过高薪留住、吸纳人才，造成热门人才的价值与价格背离，出现人才泡沫；另一方面，人才流动成为人才价值增值与价值实现的一种途径，使人才跳槽频繁，人才流动风险增大。

（四）人力资源管理与企业战略规划的一体化

现代企业经营战略的实质，就是在特定的环境下，为实现预定的目标而有效运用包括人力资源在内的各种资源的策略。通过有效的人力资源管理，将促进员工积极参与企业经营目标和战略，并把它与个人目标结合起来，达到企业与员工"双赢"的状态。因此，人力资源管理将成为企业战略规划及战略管理不可分割的组成部分，而不再只是战略规划的执行过程，人力资源管理的战略性更加明显。

进入 21 世纪，一个企业想要获得或保持竞争优势的话，战略规划和人力资源对其发展和前途都是最重要的，而且这两者必须紧密结合起来，因为战略规划的各个要素都包含人力资源因素，都必须获得人力资源的支持才能实现。这种变化趋势对人力资源管理来说也同样具有重要意义。因为人力资源规划是衡量和评价人力资源对企业效益贡献的基础，如果不真正清楚企业的战略目标，不将人力资源发展与企业战略目标紧密结合起来，人力资源规划就会变得毫无意义。因此，人力资源管理与企业战略规划的一体化，从根本上提供了人力资源以及人力资源管理对企业发展作出贡献的机会。

（五）人力资源管理者的角色将重新界定

为适应人力资源管理部门的角色转变，企业人力资源管理者的角色将重新界定，主要表现在以下三方面：

1. 经营决策者角色

传统观点认为，人力资源管理部门是一个无足轻重的行政管理部门，同企业经营没有直接关系，只需负责企业人员的招聘、培训、工资等日常管理活动。21 世纪，随着市场竞争的日趋激烈，人力资源管理在企业的核心地位越来越突出，人力资源管理者不再仅仅局限于人事工作方面，而是更多地参与企业经营活动中，成为一个经营决策者。他们一方面要关注企业经营的长远发展，另一方面也要帮助直线经理和员工进行日常管理活动。

2. CEO 职位的主要竞争者

随着企业对人力资源管理的日益重视和人力资源在现实生活中的重要作用，人力资源管理者在企业中的地位不断上升。CEO 职位的候选人从最初的营销人员、财务人员逐步扩展到人力资源管理人员，越来越多的高层人力资源主管会问鼎 CEO 职位，越来越多的人力资源主管会进入企业董事会。如 20 世纪 90 年代，在美国排名前 200 家大企业中就有 96 位人力资源高层主管出任 CEO。

3. 直线经理的支持者和服务者

21 世纪，人力资源管理将成为各级管理人员的共同职责，而不再只是人力资源管理部门的任务。对于其他部门的经理，人力资源管理部门应给予培训，推广企业的人力资源管理理念和方法，使各层主管成为内行。同时，企业要把人力资源管理工作的各项指标作为直线经理绩效考评的主要内容。企业各层主管应该主动与人力资源管理部门沟通，共同实现企业目标，而不仅仅在需要招工或辞退员工时，才想到人力资源管理部门。人力资源管理者要与各级管理人员建立伙伴关系，成为他们的支持者和服务者。

（六）人力资源管理的全球化、信息化

经济和组织的全球化，必然要求人力资源管理策略的全球化。第一，人才流动国际化、无国界。21 世纪，企业要以全球的视野来招聘和选拔人才，以更宽广的视野看待人才的流动。第二，人才市场竞争的国际化。国际化的人才交流市场与人才交流将出现，并成为一种主要形式。人才的价值（价格）就不仅仅是在一个区域市场内来体现，人们将更加频繁地按照国际市场的要求来看待人才价值。第三，跨文化的人力资源管理成为重要内容。不同文化背景的人在一起，就构成了跨文化的环境。在跨文化背景

下对不同层面的多样化的人力资源进行有效管理，是人力资源管理的重要任务。第四，人才网成为重要的人才市场形式。要通过利用网络优势来加速人才的交流与流动，并为客户提供人力资源的信息增值服务。第五，人才流动的速率越来越快，流动交易成本与流动风险逐步增加，人才不断流向高风险、高回报的知识创新型企业。面对这种情况，企业应由筑坝防止人才跳槽流动转向修整渠道，即在企业内部创造良好的人力资源环境，对流水进行管理，控制好河水的流量和流速。

第三节　人力资源管理现代化

一、企业人力资源管理现代化及其表现

（一）人力资源现代化的含义

人力资源管理作为企业管理的重要职能，在企业管理中具有核心地位。根据对企业管理外部环境的综合分析，对人力资源管理现代化的界定如下：企业人力资源管理现代化是在人本思想的指导下，运用现代化的观念、手段和方法进行管理决策和实践活动以影响组织员工的行为、态度和绩效。企业人力资源管理现代化具有动态性和系统性的特点，在不同的阶段其现代化的标准是不同的。人力资源管理现代化的标准应能反映企业人力资源管理发展的方向，现代化的思想、手段和方法应受到实践的充分检验，对实践本身具有指导意义。

（二）企业人力资源管理现代化的表现

社会背景的深刻变化必然促使企业人力资源管理的变革。其现代化主要表现在以下几个方面。

1. 人力资源管理的信息化

信息化管理是指在企业中利用现代化的信息设备，实现企业经营管理信息的生产、存储、处理、共享以及决策的规模化过程。在信息时代，以计算机技术和通信技术为核心的信息技术对社会发展产生了前所未有的巨大影响，信息技术不但创造了新的技术经济体系，形成了以先进制造技术为代表的先进生产力，而且还形成了一批高新技术产业，为制造业的发展注入了强大活力，促使人类生存和生产方式发生了深刻的变革。信息技术

对制造业的影响更重要的作用还在于信息技术与传统制造技术的结合，带来新的工业革命，形成了以先进制造技术为代表的先进生产力。信息技术促进了现代制造方式的变化，带动了设计、生产与经营管理的自动化和数字化，提高了产品的技术与知识含量，加速了制造技术创新速度和新产品开发节奏，提高了制造业自身的素质与水平，促进了制造业资源在全球范围内的流动和优化配置，加速了制造业全球化的进程，特别是信息技术融入制造业的产品，使之功能、结构、质量、性能、性价比、效益等发生质的变化，并创造出一批新产品、新产业。网络作为实现信息化的一项重要支持技术和操作平台，正在给企业提供越来越多的商业机会。如何高效、便捷地利用信息网络，将是企业能否抓住信息化契机来提高自身竞争力的关键因素之一。

2. 人力资源管理组织结构弹性化

在专业分工基础上的金字塔式组织结构逐渐地趋于扁平化，管理层级相对变少，形成横向的组织结构，它围绕横向的流程和过程，而不是职能部门来创设新的结构，在迅速变化的环境中，对问题或机会做出足够快速的反应。自我管理团队成为基本工作单位，团队包含了来自各职能领域的人员，因此，职能界限实际上消失了，以此来更好地面对顾客。同时新的企业组织形式——虚拟企业产生，模糊了企业的界限，拓宽了企业的管理视野。由于竞争环境快速变化，要求企业做出快速反应，而现在产品越来越复杂，对某些产品一个企业已不可能快速、经济地独立开发和制造其全部，因此，根据任务，由一个企业内部某些部门或不同企业按照资源、技术和人员的最优配置，才有可能迅速完成既定目标。这种动态联盟的虚拟企业组织方式可以降低企业风险，使生产能力前所未有地提高，从而缩短产品的上市时间，减少相关的开发工作量，降低生产成本。组成虚拟企业，利用各方的资源优势，迅速响应用户需求是社会集成的具体表现。实际上，敏捷虚拟企业并不限于制造，它更清晰地体现了过程的集成，在全球化的新世纪，企业必须立足全球经营与合作竞争，树立协作精神和战略联盟意识，充分利用各种外部优势实现自身的健康发展。

3. 人力资源管理重视知识管理

由于知识具有高的生产率和创造性，对知识的开发和管理成为企业管理的重要组成部分。所谓知识管理，就是开发出一套有效的管理系统，这样的系统可以说是一种知识传递转移和创造发展的体系，通过这种管理系统，原先是个人的知识经过一连串的转换流程后渐渐变成了组织的知识，这就是所谓知识的转换。知识管理作为企业管理中崭新的领域，也成为现阶段管理的热点和难点。具体来说，在企业中的知识管理运行机制主要包括以下几点：

（1）创新失败宽容机制，创新有风险，不可能每一次创新都能成功，因此要做好失败后的相关处理方式。

（2）企业知识分类与标准化制度。

（3）企业文档积累与更新制度。

（4）知识型项目管理机制。知识型项目更依赖于人的智慧和创新能力，对规定的时间和场地的依赖在其次。

（5）外部知识内化机制。使外部知识内部化。

（6）知识宽松交流机制，建立知识宽松交流的机制和宽松交流的环境。

面对以智力作为主要经济资源的时代，以知识管理促进企业深度变革，将硬件的改变和软件的改变结合在一起。软件的改变是指人的价值观、愿望、行为和习惯的改变，硬件的改变包括程序、战略、实践和组织架构。通过学习型组织的建立，在组织中形成知识共享的机制，并以此为契机促进变革，是现阶段很多企业面临的重要任务。

4．人力资源管理强调"以人为本"

人本管理把人作为企业管理的核心和企业最重要的资源，把企业全体员工作为管理的主体，围绕着如何充分利用和开发企业的人力资源，服务于企业内外的利益相关者，从而共同实现企业目标和员工目标。在企业内部，一方面企业要重新认识人的作用，发挥组织内外相关专家的智囊作用；同时要构建全面创新的企业人才体系，给创新观念和创新思维充分的成长空间，充分发挥员工的创造性；还要加大人力资源的投资力度，提高员工的素质。另一方面要将人本管理思想提升到新的高度，建立以新型精神激励为主的激励方式，既强调物质激励与精神激励相结合，又重视建立情感激励，创造出一种使员工精神愉快、关系和谐的组织文化和人际关系。总的来说，企业内部要建立一套包括动力、压力、约束、保证、选择等机制在内的完善的人本管理机制，提供良好的制度环境，以培养出富有参与意识和责任感的员工队伍，从而使员工处于自主管理状态，努力为组织的目标而工作，最大限度地发挥员工的积极性和创造性。在企业外部，企业必须与外部环境主体和谐并存。企业的存在和展离不开其他企业和社会，企业的所有活动根本目的是为了人类社会整体福利的提高，时刻关注自己的社会责任，也是管理"以人为本"的体现和升华。在知识经济的今天，将人本管理纳入企业的经营战略，充分发挥其效用，才能在激烈的市场竞争中立于不败之地，求得更大的发展。

现阶段，研究企业管理现代化问题必须充分关注在外部环境影响下企业管理的变化趋势，对管理现代化的标准界定要反映这种变化的方向，体现时代的特征。

二、我国人力资源管理现代化面临的问题与对策

（一）推进我国企业人力资源管理现代化所面临的问题

对各项指标的得分分析和开放式问题的整理可以看出，我国企业人力资源管理现代化的总体水平还处于较低的状态，其中面临的主要问题可以概括为以下几方面。

1. 人力资源管理信息化程度较低，管理手段落后

人力资源管理信息化程度的高低直接影响企业人力资源管理的效率，在调查中发现绝大多数企业人力资源管理信息系统的建设不完善，致使企业在行使人力资源规划、配置等职能时费时费力、效率低下。人力资源管理信息化作为企业信息化的重要组成部分，成为反映人力资源管理现代化水平高低的重要环节。

2. 企业管理专业人员包括人力资源管理人员的素质和能力有待于进一步提高

影响我国人力资源管理现代化水平高低的因素是管理人员的专业能力和素质。许多人力资源管理的专业人员并不了解人力资源管理的特点和基本职能，对现代化的人力资源管理理念和方法十分陌生，在影响和激励员工工作积极性方面简单生硬，缺乏有效的手段，这严重制约着人力资源管理现代化水平的提高。

3. 企业人力资源管理的科学化、制度化建设必须进一步加强

我国企业人力资源管理的随意性普遍存在，制度的不健全致使员工的考核、晋升、报酬环节中存在大量人为的因素，从而影响各项管理职能在管理中的有效性。科学、有效、规范、完善的人力资源管理制度是提高企业人力资源管理现代化水平的基础，在制度的基础上形成的良好企业文化

是促进企业发展的根本动力。从调查中可以看出，由于制度的不完善或不落实，出现扯皮现象或办事效率低下，从人力资源管理的角度看工作分析和工作设计的缺陷使得工作职责和工作边界的划分模糊是造成职责不清的关键，再加上管理者素质差，缺乏管理能力，管理手段简单、生硬、落后，缺乏长期性，致使我国企业人力资源管理现代化水平低下。

（二）推进我国企业人力资源管理现代化水平的对策

针对我国企业人力资源管理中存在的问题，本人认为现阶段必须从以下几方面入手加以改进。

1. 深化经济体制改革，进一步完善企业市场竞争环境

人力资源管理现代化水平的提高与我国经济体制改革的整体进程密切相关。现阶段，我国经济体制的改革的总体框架已经明确，在所有制结构上，坚持以公有制为主体，多种经济成分共同发展；在分配制度上，以按劳分配为主体，其他分配方式为补充，逐步实行共同富裕；在经济运行与资源配置上，以市场机制为基础，同时政府进行必要的宏观调控；在企业制度上，探索和完善公有制经济的多种实现形式，使企业逐步做到自主经营、自负盈亏、自我发展、自我约束，成为充满生机和活力、行为合理的商品生产经营者；在劳动制度上，引入竞争机制，实行劳动用工的双向选择，同时建立劳动者的社会保障机制，以保持社会稳定；在对外关系上，进一步扩大对外开放，更加放手地利用国外资金，引进先进技术和经营管理经验，同时积极参与国际竞争。企业人力资源管理现代化水平与企业制度、国家劳动制度紧密联系，企业治理结构与社会保障体系的完善与否直接影响企业人力资源管理政策的实施，进一步深化经济体制改革是提高企业人力资源管理现代化水平的关键。

2. 加快工会的改革，强化工会组织的作用

在市场经济条件下，工会运动的特点是由市场经济条件下的经济关系和劳动关系所决定的，工会运动应直接体现经济关系和劳动关系的要求。随着我国企业制度的改革，国有企业成为具有生产经营权利和独立经济利益的市场主体，企业行政方在劳动关系中的地位和权利在不断增长，工人的地位和权利在相对下降，劳动关系的利益结构发生了变化，其调节手段由行政控制转化为市场调节为主，这要求工会必须在劳动关系中明确自身的身份和地位。在我国经济改革的 40 多年中，工会的改革一直在进行，改革的核心是如何定义工会的职能和工会的地位。

3. 加强人力资源管理的基础性工作

我国已有学者将人力资源管理中的工作分析与工作设计、人力资源管理制度的完善和人力资源管理信息系统的建设归为人力资源管理的基础性工作，指出这三项工作是有效实行人力资源管理职能的基础，为有效实施人力资源管理的各项活动搭建平台。这三方面工作的滞后也严重影响了企业人力资源管理现代化水平的提高。针对现阶段我国企业人力资源管理的实际，首先，制度化建设是提高企业人力资源管理现代化水平的首要问题。人力资源管理的制度化、科学化是指用科学、现代的方法界定企业各部门、各岗位的职责、职权和职能，并对人力资源管理的各项活动的规范化程序做出规定，制度的建设使企业人力资源管理活动有章可循，降低人为因素的影响。制度的建设应涉及人力资源管理活动的各个方面，包括确定人力资源规划的方法及过程，在人员招募与配置中确定能真实反映员工素质和引导员工的方法与程序，员工培训与绩效管理的制度安排，以及反映绩效水平和能力的报酬体系和晋升制度，进而在不断改进员工关系的基础上，形成良好的企业文化，提升企业绩效。制度不完善造成管理的随意性是现阶段影响我国企业人力资源管理现代化水平提高的重要原因。

其次，加强人力资源管理的信息系统的建设。信息管理即对信息进行组织、控制、加工、规划等，从而实现信息和有关资源的合理配置，有效满足社会的信息需求过程。信息管理作为一种系统，既包括对信息的收集、加工、存储、报道、传递等业务的管理，同时也包括对计算机硬件和软件应用开发以及对通讯技术和新发展的多媒体技术等应用开发业务的管理。在企业中信息管理是企业目标得以有效实现的前提，企业实现信息化需要信息技术和资金的保证，最为重要的是信息管理人员的支持，为保证信息管理活动的顺利开展对人力资源和社会环境要素进行管理，建立各类信息存储加工制度，各类人员的激励制度，信息的知识产权保护策略等，即信息管理不仅是技术还必须考虑经济和人文因素的结合。以计算机技术为核心对信息进行系统管理是现代化企业管理的重要特征。虽然在国家的倡导下，企业对信息化建设的关注度不断提高，但我国企业信息化水平仍处于起步阶段，人力资源管理信息系统作为企业信息管理系统的组成部分，对企业人才知识结构、行为表现等方面进行实时分析，更好地挖掘、开发、管理人力资源。在线招聘、培训、评估、福利申请和沟通交流大大提高了人力资源管理的效率，企业 e-HR 是人力资源管理发展的趋势。

另外，在人力资源管理中，工作分析也是一项重要的基础性工作。通过工作分析，能够诊断出组织在人力资源管理的具体环节中存在的各种问题，根据工作分析的结果及时对工作作出调整，从而进行人员的有效配置和利用，保证组织的健康发展。

工作设计的目的就是要建立一个工作结构，来满足组织和技术的需要，满足工作者的个人需要。一个好的工作设计可以减少单调重复性工作的不良反应，而且还有利于建立整体性的工作系统，此外可以为充分发挥劳动者的主动性和创造性提供更多的机会和条件。关于工作分析和工作设计在第三章还要作专门的研究，在这里就不赘述了。

4. 重视人力资源管理的教育与培训

人力资源管理人员的专业化水平低也是影响企业人力资源管理现代化实现的重要因素，因此，重视管理专业教育和培训是提高企业管理现代化水平的重要途径。

首先从加强高等教育整体发展的水平看，我国从 1999 年起各高校扩招，高等教育入学率有了很大的提高，但离高等教育普及化还有很长的距离，受过高等教育的人数在总人口中的比例很小。教育的普及是实现现代化的重要标志，管理专业人员的受教育水平也是实现企业管理现代化的前提。另外，从培养高层次管理人才来看，我国仍然存在一定不小的缺口。2019 年 11 月 29 日，中央政治局第十九次集体学习时提出，积极推进我国应急管理体系和能力现代化，其中一项重要的任务就是大力培养应急管理人才，加强应急管理学科建设。2020 年 4 月，国务院学位委员会办公室发文，选择 20 所高校在公共管理一级学科下自主设置应急管理二级学科，培养学术型研究生，开展学科建设试点工作，培养服务国家和地方现实需求的应急管理高层次人才。

第二章　人力资源管理信息化发展及其影响

第一节　企业发展的信息化

如今我们所处的信息时代，随着信息技术的广泛应用和信息网络的不断发展，企业信息化程度在不断的提高。信息网络的发展，使企业面临着知识化、数字化、虚拟化、网络化、个性化、全球化的变革，企业的发展日益与企业信息化程度密切相关。企业不仅在内部形成网络，做到信息处理自动化、信息共享，提高企业的整体运营效率。而且，企业还与外部网络相互连接，形成网际互连。信息以及由其衍生的信息科技、信息系统作为一种战略资源已不再仅仅是战略决策的支撑部分，而且还是决定企业发展、决定企业兴衰荣辱的决定因素，信息战略也成为企业战略不可分割的一部分。目前，欧美许多发达国家都将信息技术引入企业日常生产经营的各个环节之中，建立起了一种以互联网络、信息技术为基础的新型发展模式。应当说，引入信息化、建立信息化、发展信息化在当代企业界中的呼声越来越高。所以说，企业信息化形成的独特优势使其在当代商业社会中得到了越来越广泛的应用。信息化成为当代企业发展战略中不可阻挡的必然趋势。

一、信息化与企业信息化

信息化也称国民经济和社会信息化，是指在"国民经济和社会各个领域，不断推广和应用计算机、通信、网络等信息技术和其他相关智能技术，达到全面提高经济运行效率、劳动生产率、企业核心竞争力和人民生活质量的目的"。信息化是工业社会向信息社会的动态发展的过程。在这一过程中，信息产业在国民经济中所占比重上升，工业化与信息化的结合日益密切，信息资源成为重要的生产要素。与工业化的过程一样，信息化不仅仅是生产力的变革，而且是生产关系的重大变革。国民经济的信息化其中包含了两个关键领域。一个是政府信息化，另一个是企业信息化。作为国民经济中最重要的组成部分——企业，它的信息化是全社会信息化的基础所在。企业的信息化发展水平直接关系着国家信息化发展战略的顺利实施和国民经济的可持续发展，是当代社会国家提高竞争力的核心所在。

而企业信息化简单的讲就是企业应用信息技术及产品的过程，换言之就是企业借助信息技术和信息系统从内部到外部、从局部到全面、从战术到战略向社会渗透的过程。在这些过程中，企业利用以计算机、网络技术为核心的现代信息技术，通过内部局域网，企业与企业间的网际网，最后延伸到互联网，通过开发和利用信息资源，实现信息资源共享，减少企业交易成本，改善企业经营管理，提高企业创新能力，培育企业核心竞争力。在具体操作上，就是要实现企业生产过程的自动化，管理方式的网络化，决策支持的智能化和商务运营的电子化等。

通过信息化的特点我们不难看出，信息化可以为企业带来许许多多的好处和优势，但是这决不意味着企业应当为了实现信息化而信息化。信息化只是一种手段，而不是目的。企业为了适应客观环境的变化，必须依靠现代信息技术、网络技术等高新技术和资源，通过信息网络和计算机技术在构筑新的平台的同时实现前后台信息系统的整合，为提高企业综合运作能力，实现技术创新、管理创新、组织创新、制度创新，增强企业的核心竞争能力，从而成为实现企业战略目标的一种有效支撑。并不能一味地强调"为了有而用"。更明确地说，信息化只是企业提高赢利能力，支撑企业战略目标的方式。

二、企业信息化建设的必要性

企业信息化发展到今天，可以说从原来的挑战、尝试阶段进入到了不得不变的时代，高度重视信息化与企业发展的利害关系是当代企业发展不容忽视的一个问题。

（一）提高企业核心竞争力的内在要求

竞争力是市场中竞争者的综合素质和能力，它表现为该竞争者在行业中所处的地位和作用。尽管对企业竞争力的描述可从其具体的组成因素以及特定的评价指标体系来衡量，但是从根本上说，对企业竞争力的判断主要还是看企业的核心竞争力之所在。企业的核心竞争力是指企业赖以生存和发展的关键要素，这些要素使企业歧异于竞争对手，像某些技术、技能和管理机制。一个能长期获得成功的企业必定有其核心能力。这种能力需要企业不断开发、培养、巩固以及创新，因为即使有再强大的核心竞争力，也还有可能被竞争对手所学习、模仿甚至超越。例如，美国的微软企业，虽然在软操作系统开发上是当之无愧的世界第一，这就是其核心竞争力所在，但是它仍然需要不断的对旧产品进行更新，不断开发新产品以填补市场和满足各种的需求，目的就是为了维持它在计算机操作系统领域的核心竞争力。

企业的信息化主要为提高企业的核心竞争力、保证竞争优势提供了两方面的重要保障。一方面，信息技术与制造技术的结合所形成的各种系统集成，如 ERP、CAD/CAM、CAPP 等，实现了企业生产管理、库存管理、人力资源管理、营销管理的高度集成化，使企业生产经营趋于同步、敏捷、智能和虚拟化，极大地增强了企业行为的高效性、市场反应的敏捷性和顾客需求的适应性。另一方面，随着 Internet 和 Internet 的发展以及各种信息系统如 ES.EFT，CSCW，EMS 等的应用，使企业实现了异地的同步信息交换，在获取、传递、利用信息资源方面变得更加灵活、快捷、广域和开放，从而提高了企业应用信息的能力。这两种保障在实际应用中，可以减少企业的设计和生产成本，加快产品和技术创新的步伐，而且有利于降低对现有产品进行更新或改进的成本。信息化制造技术的应用有利于加强库存管理，减少库存量，有利于灵活地调度企业现有的经济资源，提高资源的使用效益。电子商务的发展大大降低了企业间的交易成本，缩短了企业与消费者的距离，扩大了企业的活动半径。信息收集系统的应用提高了企业创新的能力，有利于企业对市场的变化做出快速、准确的反应，不断向市场提供差别化的产品和服务，形成不易为竞争对手所模仿的核心竞争优势。

(二) 顺应全球经济发展趋势的要求

全球经济发展的趋势就是经济全球化和经济一体化，目前我们已经看到经济全球化是不可抗拒的历史潮流。经济全球化要求各种资源在全球范围内进行配置和利用。不同国家的经济特点大相径庭，这样在资源的全球配置过程中每个国家都会表现出不同的比较优势。组织行为学决定了企业活动的最终目的就是追求利润的最大化，而在经济全球化的条件下，为了实现这一目标的企业就要在生产上充分发挥本国的比较优势，并利用他国的比较优势积极开拓国内外市场，扩大生产规模，实现更为细致的分工。

以信息技术为核心的信息化浪潮正在不断地改变着世界经济的形态：国际化已不再是大企业的"特权"，中小企业可以随意开展国际贸易；虚拟企业大量涌现，传统企业的界限逐步被消除；网络社会将使市场经济进一步延伸，距离的概念逐步消失；顾客在互联网上几乎可以购买到任何商品，可以从任何地方的商家购买。所有这些当代商业社会的新特点都必须凭借强大的信息技术作为支援。

（三）知识管理的需要

知识管理主要是指知识积累、知识交流和知识共享。知识积累是知识管理的基础，知识管理就是以知识为本的管理。在企业中，知识是企业的宝贵财富，其中包括企业所掌握的与之相关的各方面的技术、经验、意识、方法、数据、信息、产品、客户资料与专利等内容，有显性知识和隐性知识。因此，企业有必要对其所拥有的知识进行有效的管理。知识管理是对企业知识的识别、获取、开发、分解、使用和存储的过程。具体而言，"知识管理就是由于工业经济时代的有形资产的管理模式不能满足知识经济时代的要求而提出来的适应工业经济时代有形资产的管理模式，主要是对显性知识即可编码的知识和物化了的无生命的知识的管理。"网络技术和应用的飞速发展，为企业知识管理提供了新型的技术平台，也促进了基于网络架构的知识管理系统的开发和应用。同时，知识管理与企业的各种传统应用日益融合，基于知识管理的绩效评估系统、市场营销系统、企业门户系统、客户关系管理系统、高层决策系统和电子商务系统等越来越为用户所接受。

作为企业知识的重要组成部分，信息技术的知识管理，又具有其独特的意义与内涵，企业信息化包括与企业经营、科研、销售、生产密切相关的各种信息技术与管理知识等。由于企业信息技术的与企业的科研生产的关系越来越密切，导致企业越来越依赖对信息技术的运用，然而在实际的操作中，企业却往往因为缺乏企业信息技术方面的专门人才，在知识管理信息化中无从下手。因此，如何实现企业信息技术与知识管理的协调发展，用信息技术带动企业的知识管理，再用知识管理去促进信息化的发展是目前企业知识管理信息化的一个重要课题。

（四）提高企业管理水平目的的推动

企业管理是制约企业发展的重要原因。我国目前许多企业都是从传统的计划经济管理模式下转型进入市场的，这就决定了在管理中或多或少会存在老管理模式中的积弊，如管理粗放化、领导意志、经验主义这些问题。现在很多企业都认识到要想提高企业的管理水平就必须克服这些问题，而克服的方法就不得不依赖于信息化。信息技术的发展及其应用，实现了信息分析的智能性，尤其是各种专业信息系统如专家系统、决策支持系统、群体决策支持系统、电子会议系统等的建立与应用，极大地增强了管理者的信息能力、管理和决策能力，拓展了管理者的思维空间，最大限度地减少了管理过程中的随意性和主观性，增强了管理的科学性和说服力。

在信息系统的建设中，企业领导应树立正确的信息系统建设观念，建立信息系统是为了提高管理效率，但决不是单纯的传统管理的计算机化，这是我国企业在信息化建设中尤其要注意的问题。企业的信息系统要尽量采取定制的方式，而不是买一套现成的软件包，往计算机里一安装，就算信息化了。每家企业都有自己的管理特点，在信息化的建设过程中要将企业特有的管理理念体现到管理信息系统中，只有这样才能实现企业管理水平的升级。

（五）业务流程重组的要求

业务流程重组（Business，ProcessReengineering，BPR）理论是由美国的迈克尔·哈默（Michael Hammer）博士提出的，并将它引入到西方企业管理领域。它是一种主动性的变革，以信息和知识化为基础，以关心客户的需求和满意度为目标，对企业的业务流程进行根本性再思考和彻底性再设计，从而获得在时间、成本、质量、服务和速度等方面业绩的改善，使得企业能最大限度地适应信息时代的变化。

业务流程重组是在全球化竞争加剧、需求多样化和经济动荡的环境下产生的。它的出现是管理理论自身变革这一内在规律的需要，同时现代信息技术的发展也是 BPR 发展的直接动力。业务流程重组是推动企业信息化建设的巨大动力。企业以业务流程为中心，运用信息技术提供的强大技术支持，来突破传统组织职能结构和界限的制约。这就要求企业的管理者必须从过程的角度而非职务的观点来重新考虑企业的活动。

在企业形态和规模上，由于实现信息化管理，企业的的各部门没有必要为各方面都配备专门的人员。通过信息网络，各部门可以根据业务需要在人员分配和使用上协调调度。这样企业就可以从一般的组织结构建设中分出大量的精力投入到经营管理方面。这一系列的变化将带动组织价值体系的重新塑造、组织结构的重新构造和组织激励机制的重新建立。

三、企业信息化实施中的障碍

无可否认企业信息化是极具诱惑力的东西，企业一旦成功实施信息化的话，会取得极大的竞争优势。但是不可否认，企业在实施信息化的过程中也的确遇到过各种各样的问题，这些问题的积弊难返，让许多企业叫苦不堪。以 ERP 的应用为例，根据国际上的一项研究表明：全球 ERP 项目 70%以上都是失败的，而且成本平均超预算 240%，安装时间超预计 178%。就目前我国实施 ERP 的情况来看，近 20 年来，我国企业总共投资了近 100 亿元人民币实施 ERP 项目，成功率一般认为在 15%左右，可能更低，也就是说我国目前已经和正在实施 ERP 项目的企业有 80%都在作无用功。多数企业在应用 ERP 后，其管理水平以及反映企业综合能力和管理状况的相关指标都没有发生明显的变化。因此许多人调侃地说"实行信息化就是找死，不搞信息化就是等死"，这虽然是一句笑话，但是也不难看出企业实施信息化的两难态度。因此，只有认清企业在进行信息化中存在的障碍和困难，找到症结所在，才能够更好地避免和解决这些问题，才能有助于企业信息化的全面实施。

（一）观念跟不上技术的发展

目前我国企业在对信息化的态度上很容易走极端，要么认为信息化是铤而走险，要么认为信息化是起死回生的灵丹妙药，可以说这两种心态给信息化的实施带来了极大的困难。应该说，企业搞信息化是存在风险的，正如前边所讲 ERP 的实施就是例证。我国目前企业信息化的建设还处在初级阶段，所以存在大量的失败案例也是在所难免的，然而问题就在于许多企业一味的盯死这些失败的例子，惧怕信息系统不成功带来的投资风险和应用风险，认为就算不信息化对目前也没有什么影响，对信息化的态度一直犹豫不决。然而，我们应该清醒地看到，信息化是大势所趋，我国企业目前正面临着加入 WTO 等许多因素的影响，我们不搞信息化，将无法面对信息化建设相对成熟的国外企业的冲击。

另一方面，对企业信息化工程建设的深度估计不足，对信息化建设实质的认识存在偏差。有些企业认为使用计算机代替手工处理就是实现了信息化管理，实现了信息化管理就能为企业带来许多优势。这种态度导致企业把信息化建设看成是简单地购买计算机软硬件、架设网络，一旦这些工作做好，信息化建设也就大功告成了，而不去考虑如何把这些软硬件设备与业务进行结合。我们应该看到，企业信息化不是单纯的的技术运用，而是整个企业行为的一场变革，技术只是辅助手段，应该是业务驱动技术，而不是技术驱动业务。信息化必须伴随对企业运作流程和管理方式的巨大变革才能发挥出自身的功效。

（二）复合型人才的缺乏

其实我国的企业早就认识到了人的因素在企业信息化发展中的重要作用，但是最终却还是会受到人为因素的制约，导致信息化迟迟不能顺利展开，原因就在于企业缺乏信息化人才，即既懂业务、管理，又懂信息技术的复合型人才。我国企业信息化过程经常是由信息技术主导的，也是由信息技术专家执行的，实际上这是一种极其错误的做法。技术人员整日埋头技术开发，不考虑技术如何协助业务的开展；业务人员也不了解技术应用的实际情况，不对技术提出具体的要求，结果是各干各的，各管各的。信息化的目的就是为开展业务、为业务服务而诞生的，从应用需求调研、应用分析到系统选型、实施规划都离不开业务人员的协同工作。只有既熟悉企业管理运营和业务流程，又熟悉信息技术和应用的复合人才是名副其实的信息化人才。

待遇问题也是企业复合型人才流失的重要原因。许多既通晓业务知识又了解信息技术的员工在待遇上与一般的业务人员没有太大的区别，然而目前社会上 IT 技术人员的待遇普遍较一般业务人员要高，这就使得这一类的复合型人才很难安于现状，或者说至少不愿意为企业做更多的贡献。由于待遇和薪酬所引起的人才流失问题也是导致复合型人才匮乏的原因之一。

（三）管理现状与信息化的要求相驳

信息化要求企业的管理方式发生根本性的变革，这就代表企业的生产过程和运营过程发生重组，其中将涉及企业的各部门和部门之间在职位、权利、义务和利益上发生变化，如果协调不好就会激起企业内部的矛盾，不利于信息化的发展。同时，信息化所带来的标准化、透明化的管理使得企业行为更加精确化和透明化，这对我国企业而言是一种挑战。信息化的管理模式和人治的管理模式一旦造成冲突，企业如果不能坚定信息化改革与发展的决心，企业发展的现代化则很难实现。

另外，企业的决策者和管理者不愿意为企业的信息化负责任。我国企业领导者往往不愿意在企业的信息化发展上花费精力。企业信息化的建设是为了提高企业的效率，一旦效率上去了，就意味着人力资源可能会富余，这样企业领导又将要面临裁员、下岗和分流这些问题的困扰。

四、企业信息化发展的思路

企业信息化要与企业管理进步相结合。从刚才的分析中我们可以看出，企业信息化的发展障碍很多时候不是来自于技术问题，而是来自于企业自身。因此在企业走信息化的路子必须先要对自己重新进行审视，去思考需要改变什么、怎么改变、如何应对改变中出现的阻力，只有这样才能保证信息化进程的顺利展开。信息化不是一个不可逾越的鸿沟，相反，它是企业改造管理思想、管理理念和管理方式的的一个契机。企业只有勇于迎接信息技术，使之与企业的经营管理方式相结合，才能取得信息化建设的最终成功。

（一）信息化必须以科学管理为奠基石

管理信息系统的建立不仅要有技术基础，还要有管理基础，在革新和优化管理水平的同时推进企业的信息化，再用信息化促使企业管理的提高和发展，通过这种生态互动模式，企业的管理和信息化就能获得协调同步发展。

在具体的实操上，企业各阶层的管理人员，尤其是领导，要有远见卓识的眼光，要有发展信息化的胆识和魄力。企业决策者和管理者是企业的核心和灵魂，只有让他们对企业信息化有了充分的了解，才能在企业发展中加大信息化建设的力度。企业的管理层应该认识到企业信息化不是累赘和负担，相反，信息化可以在很大程度上为他们提供各种必需的支持服务。还有通过信息化建设，管理者们可以解放思想，拓宽视野，在引进信息化的同时也引进西方先进的管理制度，提高企业的国际竞争力，从而使企业的逐步与国际接轨，为最终实现现代化、国际化做准备。其次是引入新的管理思维。信息化不是一部分人和一个部门的事情，它要求企业必须有牵一发而动全身的准备，这就意味着企业搞信息化必须要企业群体参与，群策群力。前边我们已经论述过企业在信息化的过程中，往往会有部分人因为自身利益而抗拒信息化，这个问题的解决必须依靠管理制度的改进。企业在信息化的过程中可以引入"变革管理"（Change Management）的思想，教育企业中的所有员工，变革才是企业生存发展的硬道理，同时对员工展开"变革管理"的各种培训，让员工在情感上能接受信息化的变革。'同时再辅之以合理的奖罚制度，让员工从行为上与信息化的要求相一致。

（二）信息化的建设要充分与企业的实际需要和实际应用相结合

企业实现信息化就是为了提高企业的活力、增强竞争力，信息化必须要与企业的需求紧密联系。我们不断地强调信息技术是手段，不是目的，正是基于这种思维。举个例子来讲，在交通运输上，飞机可以说是最快捷的交通工具，但是我们不可能实现用飞机来取代一切的交通工具，因为在不同的时候我们对交通工具有着不同的要求。同样，在信息技术的使用上应当遵循在正确的时间对正确的环节施以正确的技术才是合理的应用，绝对不能一味地强调应用最新、最好、最贵的技术和设备。为此，找好信息化建设的切入点尤为重要。确定信息化切入点就是找出企业当前急需通过信息化解决的问题，而这些问题的解决在当前技术条件下可以实现，并可预见到实施后所具有的明显效益。系统运行起来后会进一步明确已有的需求，刺激新的需求，推动信息化的持续提高。

（三）企业信息化是动态发展过程，需要与时俱进

信息化不可能"一蹴而就"，也不可能"一劳永逸"，对信息化的建设需要有长远的眼光，这就意味着在规划企业信息化建设时要用发展的眼光来看待信息化。一般来说，随着社会经济需求的变化和新技术的出现，原有的系统肯定不能适应企业发展的需要，这就要求对原有的系统进行升级、更新或者替换。例如，制造系统自身就经历了从 MRP 到 MRPH，再到 ERP 的过程。技术在变，企业也必须跟上信息技术的发展，不断改造固有生产方式，才能在现代复杂多变的形势和环境下立于不败之地。

（四）要注重信息化人才的培养和引进

企业要了解信息化需要的不仅仅是单一的管理性人才和技术人才，而是需要有精通业务、掌握相关专业、懂得管理、了解信息技术的综合性人才，是真正信息"化"了的人才。这样企业要注重对这类人才的搜寻和培养。对于业务部门的人员，要引导他们了解信息化、接受新技术；对技术

部门的人员，要鼓励他们从单一的技术中走出来，去了解企业的业务，去了解企业的经营，只有这两方面的人才走到一起，才能孕育出真正为企业所需的复合型信息化人才。

第二节　人力资源管理信息化

一、人力资源信息化的内涵

（一）人力资源信息化（e-HR）的定义

"人力资源管理信息化"和"人力资源管理"这个词语一样，是一个舶来品，翻译自英文"e-HR"一词。e-HR中的"e"包含了两层含义：不仅是"electronic"即电子化的人力资源管理，同时更重要的是"efficiency"即高效的人力资源管理，提高效率是e-HR的根本目的，而电子化则是实现这一目的的手段。

在国外，e-HR这个概念最早出现于20世纪90年代。当时的电子商务（e-Commerce）席卷了企业界，给企业界带来了一系列全新的革命，各种商业活动都陆续被"搬"到了网络上。e-HR作为e-Commerce家族中的一员，最初意味着人力资源管理业务上网。后来，学术界进一步丰富和发展了人力资源管理信息化的涵义，主要有以下几种观点：

Gary Dessler（美国佛罗里达国际大学教授）认为：人力资源管理信息化是通过信息的收集、处理、存储和发布来为一个组织的人力资源管理决策，以及组织内人力资源管理活动的协调、控制、分析和结果展示提供支持。这种支持是建立在彼此具有内在联系的各种功能模块构建的技术平台之上的。

Steve Moritz（美国得克萨斯大学教授）认为，人力资源管理信息化是整合了多项信息技术的全新的人力资源管理模式，它包括了企业资源计划，人力资源服务中心、交互式语音服务、网络应用程序、语音识别系统、经理和员工自助门户网站等多项业已成熟的信息技术（见图2-1）。

小舍曼等人将人力资源信息系统（HRIS）定义为，提供现实和准确数据的计算机系统，用于控制和决策的目的。在这种意义上，它已经超越了简单的存储和更正信息，其应用的范围已扩大到诸如编制报告、预测人力资源需求、战略计划、职业生涯和晋升计划，以及评估人力资源管理的政策及实践等领域。

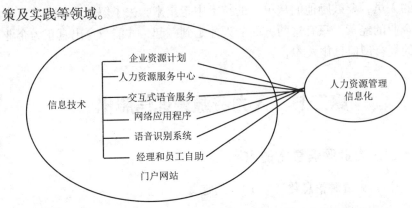

图 2-1 Steve Moritz 定义的人力资源管理信息化示意图

国内学者给出的定义出现得相对晚一些，但是更加全面一些。国内学者余凯成等人将人力资源信息系统定义为：收集、处理、存储和发布信息以支持决策、协调、控制、分析及可视化人力资源管理活动的相关组件的集成系统，如图 2-2 所示。

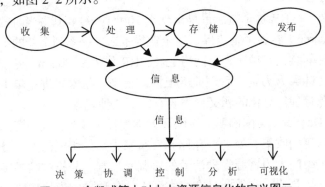

图 2-2 余凯成等人对人力资源信息化的定义图示

朱勇国副教授对人力资源管理信息化的定义是：以先进的信息技术为手段，以软件系统为平台，实现低成本、高效率、全员共同参与管理过程，实现人力资源管理战略地位的全面提升、开放的人力资源管理新模式。

e-HR 市场分析专家郑大奇认为：任何利用或引进了信息技术手段的人力资源管理活动都可以称之为人力资源管理信息化。目前所说的人力资源管理信息化是包含了"电子商务""互联网""人力资源管理业务流程优化""以客户为导向""全面人力资源管理"等核心思想在内的新型的人力资源管理模式；它利用各种手段和技术，包括一些核心的人力资源管理业务功能，代表了人力资源管理的未来发展方向。

综上所述，人力资源管理信息化是一种全新的人力资源管理模式。它从"全面人力资源管理"的角度出发，利用数据库软件等工具实现了对原有人力资源管理业务流程的梳理、改进和改造，实现低成本、高效率、全员共同参与管理过程，实现人力资源战略地位的全面提升，形成开放的人力资源管理模式。

人力资源信息化可以通过人力资源管理系统来管理人力资源工作，跨越时空界限，让员工与企业紧密的结合在一起，使信息更畅通、沟通更方便。人力资源管理绝大多数工作都是可以在网上完成的。如进行招聘的时候，通过人力资源信息化系统，企业可以直接在网上发布招聘信息，应聘人员在网上填写和投递简历，企业人力资源部门的人员在线进行人才测评，最后可通过视频系统进行面试和录用。在工作中，员工随时可查询到自己的相关信息，如工资条、培训记录、休假记录等，也可即时修改变化的信息，如联系电话、学历、婚姻状况、通讯地址等。管理者可通过 e-HR 系统即时查询下属的有关人事情况，如周工作总结与计划、绩效计划与考核结果、员工各类信息及相关统计等。因此可以说企业人力资源管理实现信息化，既是一个技术系统，又是一个管理系统，它不仅可以提升组织效率、节省开支，还可以增加企业利润、提高员工的满意度，是现代技术与企业业务的高度融合。

（二）人力资源信息化发展历史

信息化在企业人力资源管理中的发展大致经历了四个阶段。图 2-3

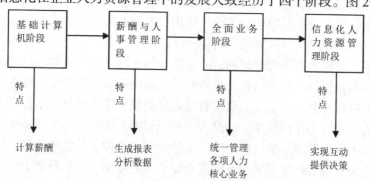

图 2-3　人力资源信息化发展历史

1. 基础计算阶段

人力资源管理系统是在 20 世纪 60 年代末诞生的。当时发达国家的计算机技术已经趋于成熟，并且已经开始运用于管理领域。随着国外一些领先的应用软件对人力资源信息化的研究，计算机技术开始应用于人力资源管理工作中最基础、最复杂、最繁重的部分，即代替手工来计算和发放工资。这就是人力资源管理系统的第一个阶段——能自动计算薪酬的初级阶段。但是这时出现的第一代人力资源管理信息系统由于技术和条件的限制主要是一种自动计算薪酬的工具，不包含非财务的信息和薪酬的历史信息，而且几乎没有报表生成功能和薪酬数据分析功能。但是，它的出现为人力资源管理信息化展示了美好的前景。

2. 薪酬与人事管理阶段

到了 20 世纪 70 年代末，随着计算机软件技术的发展和硬件性能的提高，它除了可以计算员工的薪酬外，还考虑了非财务的信息，可以记录员工薪酬的历史信息，具备了报表生成和薪酬数据分析功能，也就是具有了一部分人事信息管理的功能。因此，这个阶段可称为薪酬与人事管理系统阶段，是人力资源管理系统发展的第二个阶段。但这一阶段的系统主要由计算机专业人员开发研制的，设计思想主要是从技术角度出发，未能系统地考虑人力资源的需求和理念，非财务信息还不够系统和全面，没有覆盖企业人力资源管理中的其他业务。

3. 全面业务管理阶段

到了 20 世纪 90 年代初，世界的经济发生了翻天覆地的变化，人力资源理论也随之发展，并逐步成熟，使企业的领导者认识到了人力资源管理在企业发展和企业竞争中的关键性作用，因此各种各样的人力资源管理方法和理念开始产生并被应用到企业的管理中。随着计算机网络技术的出现和发展，各项人力资源管理的核心业务（如薪酬设计、招聘、培训、绩效考核、岗位管理、员工信息历史资料等）运用计算机进行统一管理，并且可以提供信息共享，使人力资源管理人员摆脱了繁重的日常工作，大大提高了人事管理工作的效率。这是人力资源管理系统的第一次革命性变革，也是人力资源管理系统发展的第三个阶段——全面业务管理阶段。这个阶段的人力资源管理系统并没有形成企业全员的互动，没有形成全面人力资源管理的局面，但是为 e-HR 阶段的发展打下了良好的基础。

4. 人力资源管理信息系统（e-HR）阶段

20 世纪 90 年代末和 21 世纪初，人力资源管理信息系统迎来了第二次巨大的变革。这时的人力资源管理在企业管理中被提到了战略决策的高度，随着网络技术的普及，人力资源管理理论的发展完善，使人力资源管理快速响应企业内部和外部的各种要求与变化成为可能，这就是人力资源管理系统发展的第四个阶段——人力资源管理信息系统（e-HR）阶段。在第四个发展阶段中，也即是现阶段中，人力资源管理系统可以实现员工或潜在员工和企业人力资源管理者互动。它的主要特点是：从人力资源管理的角度出发，将人力资源的各类信息整合在一起，固化管理流程，实现人力资源的合理配置，并对企业人力资源的各项关键指标进行分析和监控，提供决策支持。这时的信息系统除了要继承前几代信息化系统的优点之外，还必须提供强大的数据挖掘和分析功能，并且能够将分析结果数据灵活、多样、便捷的进行展现，以真正做到对企业经营决策的有力支持。

二、人力资源信息化的意义

人力资源信息化在现代企业管理中具有重要的意义。企业人力资源信息化的飞速发展能够有效帮助企业迎接管理挑战，并不断推动管理效率的提高与管理水平的提升。在国内，就已经实施较完备的人力资源管理信息系统和部分实现信息化模块的企业而言，其行业分布为金融服务业、通信和高科技产业领域以及人力资源较为密集的企业。部分企业除实现了薪酬管理、员工管理、考勤管理基本功能外，还推广和应用了心理测评、绩效评估、网络招聘、薪酬福利规划、职业生涯发展、劳动力成本测算等人力资源管理信息化系统的高端功能模块，提高了人力资源管理的水平。针对实施人力资源信息化取得成效的企业的分析，可以看出人力资源信息化对企业的作用主要表现在以下几个方面。

（一）革新管理理念

企业实行人力资源信息化管理，不仅改进了工作方式，更是革新了人力资源管理的理念。实施人力资源信息化后，HR 工作者能从大量繁杂的行政事务中解脱出来，重新设定自己的角色和目标，从企业运作流程和工作关系上成为企业的战略合作伙伴。这也同时要求他们能更快地对市场需求的变化做出反应，使人力资源管理更好地配合企业战略、从宏观上推动企业人力资源的规划和管理。

（二）提升管理水平，实现管理标准化

实施人力资源管理信息化后，企业有关人力资源管理的分散信息都能

紧密集中在一起并进行分析，大大优化了人力资源管理业务流程，并将经过优化的业务流程在系统中体现。同时，完善的人力资源信息不仅可以让企业领导对本企业人力资源的现状有一个比较全面和准确的认识，综合的分析报表还可供企业领导人在决策时参考，可辅助企业领导决策科学化。而且人力资源软件中所蕴含的先进管理思想能有效优化企业现行的运行体系。这就有效地提升了企业现代化的管理水平，实现管理的标准化。

（三）改善服务，推进全面人力资源管理

企业进行人力资源管理不只是人力资源部门单独的事情，它涉及每个直线部门经理和每位员工，全员参与可以提高人力资源管理的效率和人力资源决策的质量，因此，许多企业都提出了全员人力资源管理的理念。但是，全员参与需要通过什么渠道、什么形式以及参与的时间，并没有统一的规定和相应的配套措施。而基于互联网操作的人力资源管理信息系统，打破了用户数量限制，能够对用户进行等级划分，分别授予不同的操作权限。例如，把非人力资源管理部门人士分为高管、直线经理、员工等。通过面向所有员工的信息工具，延伸人力资源管理范围，提高各级人员参与人力资源管理的程度，有效地改善人力资源部门的服务范围和服务质量，在员工充分参与的基础上，推进人力资源管理工作不断创新和全方位提高。

（四）降低人力资源管理成本，提高效益

人力资源管理工作中的日常事务性工作需要占用人力资源管理人员大量的时间，特别是其中的工资发放、员工考勤、人员招聘以及工作调动和岗位轮换等较为繁琐，传统的手工操作效率低，出错高。人力资源管理信息化可使中小企业的人力资源管理人员从机械性的、重复性的日常事务性工作中解脱出来，从而减少行政性人力资源管理人员、降低操作成本，更好地提高部门工作效率。例如，员工甲合同到期时间是 7 月，如果没有人力资源信息系统，HR 人员就得经常翻看合同来确认甲员工的合同是否到期，并进行续签等手续，如果甲的合同到期而没有通知甲，根据新《劳动法》规定，企业应当赔付甲无约用工赔偿金。但是当企业拥有了人力资源信息化系统后，系统会在甲的合同到期一周前开始提醒，并自动进行续签或者其他的一系列操作，这就为企业节省了很大的操作成本。作者实地调查的新乡辉县市中小企业 20 家，其中实施人力资源信息化的 5 家企业都在不同程度上降低管理费用，尤其是人力资源管理部门的管理费用。具体数字

如表 2-1（其中企业 1、2、3 于 2017 年开始使用 e-HR 系统，企业 4、5 于 2018 年开始使用 e-HR 系统。）

表 2-1　五家企业 2017-2020 年管理费用（单位：元／年）

序号	管理费用企业	2017	2018	2019	2020
1	三友企业	324145.3	315842.6	312591.3	284364.1
2	辉合纺织	231142.2	224547.2	207846.0	189364.1
3	奇茂制衣	284158.1	257451.8	250146.8	237142.1
4	辉盐企业	186014.3	211451.1	197013.4	180542.7
5	胜利企业	267263.4	287413.1	275146.3	258146.1

由表 2-1 可知，当企业 1、2、3 于 2017 年投入人力资源信息化建设后，管理费用在逐年下降，而企业 4、5 在 2017 年投入人力资源信息化建设后，管理费用从 2018 年也是成下降趋势的。

由以上数据分析可知，企业在实施人力资源信息化后能够降低人力资源管理成本，从而提高企业的效益。

（五）提供增值服务，加强各部门沟通

企业在运用 e-HR 系统后，可以为企业各管理层提供增值服务。对于高层决策者来说，他们可以随时自助地获取所需的人力资源信息，并利用 e-HR 平台，快速便利地完成相关的审批处理，有效地提高了企业内部的工作效率。对于中级管理层而言，他们可以通过 e-HR 平台，在其授权范围内在线查看其下属员工的相关人力资源信息并对相关的业务进行快速处理，如员工的转正、培训、考勤、休假、离职等日常人事信息的递交和审批。中级管理层还可以通过 e-HR 平台向人力资源部门提交本部门所需的招聘和培训计划以及在线对他们所辖部门的员工进行绩效考核。在管理层运用 e-HR 系统处理工作的时候，也加强了他们同人力资源部门的沟通，这种沟通更加方便、快捷、有效。由此可见，e-HR 系统为各管理部门与人力资源管理部门沟通和协作提供高速、快捷、便利的工作平台，为各个管理层提供了增值服务，进而使整个企业高效运转。

（六）适应员工需要，提供发展平台

随着时代的发展，企业员工信息意识和自主性也在不断加强，首先表现在他们对人力资源管理信息透明化的要求，其次表现在员工越来越注重个性化的人力资源发展计划，希望能够把握自己的发展空间，能更加主动地实施自我管理。而企业实施人力资源信息化系统后可以满足员工发展的

要求。主要表现在四个方面：

第一，通过 e-HR 平台，员工可以很方便地获得有关自己的考勤、薪资、培训记录等信息，并可以通过自己来维护这些信息。例如，员工在搬家后，可以通过 e-HR 系统，自己更改新的家庭住址，维护自己的信息资料。

第二，e-HR 系统可以根据员工目前的岗位、工作性质和组织对员工的要求同员工自身能力状况进行匹配，以此确定对员工的培训需求，并以此开办相关的培训课程以及提供相应的知识介绍。

第三，e-HR 的运用，使企业的全体员工，无论是在何时、何地，只要打开电脑就可以根据自身技能需求在网上浏览最新的培训课程目录并进行申请参加手续。e-HR 搭建的网上培训及知识管理平台，快捷便利地实现了全体员工的自主学习和知识共享。

第四，e-HR 系统会在相关的培训工作结束后，采用在线评估的方式进行有效评估，然后对反馈的信息即时进行统计、记录和归档，这些记录和档案随时可以在线查询。因此，企业实施人力资源信息化后，企业的员工可以获得更多的服务，满足员工自身发展的需要，并为人力资源管理部门掌握员工的情况提供了便利条件。

（七）加强企业内外联系，促进信息畅通

在当今竞争激烈的社会上，沟通在企业的成长、发展过程中起了尤为重要的作用。现在企业都非常重视企业内部各部门之间、员工之间、企业与外部业务伙伴之间的沟通，但是由于企业规模的扩大、业务的复杂，沟通也变得越来越困难。企业运用 e-HR 系统后，由于系统是集中数据管理，分布式应用，全面的网络工作模式，这就大大加强企业内部之间的沟通以及与外部业务伙伴的联系，使企业内外部的沟通、交往容易起来。通过与外部业务伙伴在人才、技术、知识等方面的资源共享，加强了相互之间的联系，有效提高企业适应市场的能力。由此可见，e-HR 系统可以促进企业进行内外联系、沟通，保证了企业信息的畅通，增强了企业人力资源管理的效果，对提升企业的竞争力具有重要意义。

（八）增强员工忠诚度，提高员工满意度

当今社会中，企业员工追求的是个人价值的最大实现，不再是传统观念中的物质、工作目标的实现等。他们更关心所从事工作的自主性、创造性和挑战性，是否能使个人的潜能得到最大限度的发挥，是否能使个人得

到全面的发展。因此，现在企业的员工需要寻求一种能为自己提供企业内部人力资源状况信息、社会以及同行业企业相关的人力资源状况信息和员工的人力资源状况信息的平台。而 e-HR 系统的产生无论是从理念上还是从手段上都为满足员工的这种信息需求提供了可能。人力资源信息化的应用使得企业全体员工都能参与进来，改变了以往被动接受命令的状况，形成了新的互动管理的局面。同时，利用人力资源管理信息系统对员工进行选拔、任用，可以减少人为的主观性，体现公平原则，提高管理的透明度，从而大大提高了员工满意度，留住人才。

三、实现人力资源信息化的条件

（一）实施信息化的客观原因

人力资源管理信息化有着传统管理无可比拟的优点，为我们展示了美好的前景，是否意味着每个企业都可以马上实施信息化项目？并非如此！普遍的规律不一定适合所有的个体。针对一个具体的企业，在提出人力资源信息化管理的构思后，必须慎重研究信息化的可行性。在多数人看来，这似乎是画蛇添足，他们认为现在需要研究的是如何进行人力资源信息化，如何提高信息化的成功率，而不是需要讨论信息化的可行性。但是从人力资源管理信息化的理论基础及实践来看，这是一个特定的专业领域，实施信息化必须具备相应的条件和时机，如果不加分析就武断地实施信息化，成功的概率极为渺茫。企业人力资源管理信息化的客观原因可以从以下几个方面进行说明：

1. 企业人力资源管理业务的差异性

对于人力资源信息化软件而言，它的功能部署、流程设计是基于企业的人力资源业务模型开发的，是相对固化的。软件的这种特点决定了在业务相对稳定的职能领域，信息化容易取得成功，比如会计、财务管理等。而从业务需求角度看，人力资源管理对于不同企业的业务需求极不平衡，企业采取的管理思想与业务模式不匹配。民营企业、中小企业、高科技企业、外资企业人力资源管理的重点、难点和水平差异很大。因而，在人力资源管理信息化的实践中，很容易发现，它们的信息化目标不同，要求信息系统具有的功能也不同。即使同一家企业，在生命周期的不同阶段，人力资源管理的地位、目标、工作重心、管理手段也是变化的。人力资源业务需求的不稳定性，客观上为 e-HR 的开发、实施造成困难，同时也是困扰

e-HR 在企业广泛应用的重要因素。

2．人力资源信息系统不成熟

人力资源管理软件产品没有国家标准，也没有行业标准，每个软件开发商都在按照自己对人力资源管理的理解，组织进行产品设计与开发。每个开发商都有一套具有煽动性的产品设计理念，即使理念是正确的，但由于理念与技术现实之间存在很多环节，在实际开发过程中，产品规划理念未必能被设计师充分理解，因此当企业使用软件时，即使是正式纳入开发计划的内容，也往往执行不下去。

3．人力资源信息化软件的复杂性

在软件产品信息掌握方面，客户与开发商处于严重不对称的地位。即使开发商给客户进行产品演示，但仅仅经过演示，客户不会发现产品的缺陷。往往在企业交付使用时才发现一大堆的问题，但为时已晚。

（二）实现人力资源信息化的条件

人力资源信息化作为一种新技术，对企业有一定要求，它的导入需要企业具备以下几个条件。

1．管理体系

稳定的人力资源管理体系是信息化的基本要求。企业需要有扎实稳定的管理体系，保证各项命令都能认真贯彻执行，只有这样才能让每位员工在企业里安心工作，促进企业成长。

2．人员素质

人员素质包括两方面：一是企业人力资源管理人士的专业化素养，二是用户的计算机操作能力。人力资源管理信息化是信息技术与人力资源管理理念和管理工具的结合，实施这样的项目，企业必须具有一批精通人力资源管理专业的人才，能够深刻理解信息系统。很多企业里，人力资源部是由人事部转变而来的，名字变了，但人员、工作重点、工作技能没有改变，工作人员没有受到系统的专业培养，对于人力资源管理与开发的理论、方法和工具很陌生，不能很好地运用理论进行实践。这些企业不具备实施人力资源信息化的条件。

用户的计算机操作能力影响对软件的使用效果。再好的软件也需要人操作，只有具有专业技能的人才能保障新技术的顺利实施和推广。因此，具备了两方面人员素质的企业才能实施人力资源管理信息化。

3. 硬件环境

人力资源信息化不能脱离硬件环境而存在，信息系统运行的速度、稳定性、数据安全性等与硬件环境有直接的关系。人力资源信息化需要高质量的服务器、良好的网络环境、充足的计算机等。

4. 管理层的支持

人力资源管理信息系统交付实施后，最大的工作量是信息的维护，但在实践中发现，基础数据的更新是一个很难完成的工作，员工如果不汇报个人信息的变化情况，人力资源管理信息系统中的数据将无法得到维护。因此，取得各非人力资源管理部门管理层的支持非常重要，但这是很困难的，每个部门都有自己的繁重任务，他们不可能像人力资源管理部门那样关心系统。在缺乏高层支持的情况下，非人力资源管理部门会更加漠视。所以作为企业领导者，要认识到信息化的必然趋势和优点，并给予积极的支持。

5. 充足的资金

企业建设人力资源管理信息化系统需要巨大的资金作保证，没有坚实的经济基础做后盾，信息化的梦想只能成为泡影。企业应利用自己的优势，在保证遵守国家法律的同时，通过多种渠道积极稳妥地筹集资金，为信息化的建设打好物质基础。

6. 合适的供应商

我国企业在新系统的开发方面，35%的企业选择委托专业企业开发的模式，29%的企业选择合作开发的模式，只有30%的企业进行自行开发。目前进行人力资源管理软件开发的供应商数不胜数，企业在购买 e-HR 系统软件时，只有选择项目优良、售后服务完善的供应商才能确保人力资源信息化的成功。

第三节　人力资源管理信息化的发展分析

一、人力资源信息化发展现状

根据《中国企业人力资源管理发展现状》调查报告，在受访企业中有

68%的中小型企业仅根据在职职工信息建立了简单的人员信息数据库，有.11.3%的企业在管理中应用了人力资源管理信息系统，而表示目前没有或有想法着手构建企业人力资源管理信息系统的占总受访企业的32%。

某管理咨询企业在对中国地区运营的 312 家企业人力资源管理信息化的应用情况进行调查，结果表明：大多数国内企业的信息化建设还处在起步阶段，所谓的企业信息化建设主要是将日常业务操作和日常信息发布通过计算机技术手段进行开展，均面临着在实现用户定制功能和其他系统信息整合，及人力资源管理信息系统深层次的功能挖掘的调整。通过调查报告还能发现，中国企业与国外企业相比都存在信息化应用水平较低，人力资源管理水平相对滞后的问题。在接受调研的企业中，企业管理中已经应用了人力资源管理信息系统（HRMS）的占 26%；仅有 11%的企业目前已经将其人力资源管理信息系统（HRMS）与企业资源规划软件（ERP）相整合，实现企业信息资源管理的一体化，但就这个数字而言远低于澳大利亚地区的 46%。

同时该项调查报告还指出，还有 32%的企业没有任何的人力资源管理信息系统，仍然停留在日常信息靠 Word，Excel 等 Office 软件整理。即使有些企业推进了信息化建设，也大部分应用于日常性人事业务操作和静态信息发布。其中，用于工资发放或工资单制作的占整体的 80.6%；用于人事行政基础管理工作及人员档案信息管理的占 78.3%；69.7%的用于员工考勤管理。而几乎近 93.3%的企业表示其所建立的内部网络，主要是用于发布静态的人力资源信息，比如人事制度和人事信息的发布等。几乎很少有企业引入人力资源管理信息系统与企业主营业务整合，将其应用到更高层次的人力资源管理功能上，例如战略性的人力资源开发。调查还发现，国内企业将人力资源功能外包或使用共享服务中心的企业几乎微乎其微，可以说人力资源管理信息系统在绩效评估、职业生涯规划、人才测评等方面的功能几乎还是空白阶段。

中国企业实行人事外包的比率非常低，所谓人事外包就是指人力资源的基础功能工作。仅有 5%的企业将其薪酬功能外包出去。相比之下，这种人事外包的做法在美国和欧洲企业就显得十分普遍了，很多国内外资企业基本上都采取人事外包的管理手段，降低人力资源部门基础操作性工作比例。对于使用外包手段的中国企业而言，社会保险管理外包相对而言是很多企业的比较容易接受的选择，有 10%的企业将养老、医疗保险、公积金等这样的国家规定的社会保障管理工作进行外包，仅有 5%的企业将薪资发放服务外包。此外中国企业更愿意选择劳务派遣的管理方式，将劳动风险转嫁其他劳务服务企业，这是近几年中国内地地区比较常见的做法。

《中国企业人力资源管理发展现状》的调查还指出，部分企业已经认识到人力资源信息化对企业的发展至关重要，但真正引入人力资源管理信息系统却面临着很多实质性的困难。比如最主要的原因来源于资金问题，构建人力资源资源管理信息系统整体投资较大，而且资金的投入并非立竿见影，立即见到收益，往往使得项目投入一拖再拖。另外，实现功能过程中涉及大量的个性化服务定制工作；很难与现有系统有效整合，实际交付功能能够达到预期要求都是企业犹豫不决的重要原因。在受访企业中，只有 26%的企业表示他们有计划投入人力资源管理信息系统项目，也进行过相关系统软件的比较与衡量，但对现市场上已开发的人力资源管理系统软件仍存在看法，功能全面稳定的价格昂贵，价格比较合适的却无法真正满足企业的需要。而 52%的受访者表示他们的年度预算中没有人力资源管理信息系统项目的投资。也有 50%的企业表示他们不确定在未来三年内是否会有专项预算来构建企业人力资源信息化工作。同时也有大部分企业表示虽然在选择解决方案前对业务需求均进行整理和调研，但推行后却并没有取得预期的效果。

针对这种现象，人力资源专家指出作为人力资源从业者面对企业这样的犹豫，需要做好引入人力资源管理信息系统的投入和回报率分析，为企业高层判断是否实行 E-HR 提供具体依据，帮助其决定如何提高人力资源服务效率。为确保人力资源信息系统引入企业能够真正满足企业需求，必须先进性系统化的软件调研和选择，避免投入无法达到预期的效果。

随着企业管理水平的提升，对人力资源信息管理的认识和需求在未来的一段时间内，将日益提高和增加，往往处于高速发展阶段和稳定发展阶段的企业这种需求就显得尤为迫切，需求的层次也将从最初级的人事事务基本管理系统平台，向战略层次高水平人力资源管理信息平台过渡。

二、人力资源管理信息化发展存在的问题

目前国内大多数企业在人力资源管理与开发上的基础工作做得不够扎实，鲜少有专门的单位来研究如何让中国企业真正意义上实现人力资源信息化，如何构建适合自身企业性质的人力资源信息管理系统。而国外人力

资源管理信息化发展相对比较成熟，因此很多商业机构利用为企业提供咨询服务将国外的技术短平快的引入国内企业中去，而操作过程中并没有对现有的技术和系统进行有效的消化吸收，使得大多数企业没有把人力资源管理放在企业整体生态环境中去进行整体、系统地思考，无法将人力资源信息系统和企业需要实现真正的有机结合。

人力资源管理信息系统的应用在中国企业中的实施往往是被动的，而且总是涵盖着不科学的因素，例如人为的感情因素，只是形式上的直接套用外国的技术，这就造成与中国企业自身特点相悖的问题，最终只能出现画虎不成反成猫的结果。因此中国现代企业人力资源管理系统的应用推广困难存在诸多问题需要克服。

（一）人力资源管理整体水平滞后

虽然随着中国市场经济的迅猛发展，中国企业也得到了迅速的成长，管理也成为各大中小型企业最为关注的课题，但往往企业从自身利益角度出发，对营销和生产等供应链部分更为重视，对人力资源的管理只是名称上较之前的人事管理有所改变，实质内容上仍然以行政操作类工作内容为主，缺乏足够的认识。国内企业整体人力资源管理水平的滞后，也是限制和阻碍人力资源信息化发展的重要原因之一，很多中小型企业人力资源管理信息系统的应用基本上就成了纸上谈兵，真正采用的企业少之又少。

这几年人力资源管理信息系统充斥着每个管理者的大脑，但是很多企业对人力资源管理信息系统却缺乏一个正确的认识，片面的认识这是解决企业人力资源管理的万灵丹，只要购进信息系统，人力资源问题均为迎刃而解，而忽视了采用人力资源信息系统的根本目的。

在实施前期既没有结合企业需求进行详细调研规划，也没有在管理方面结合企业实际情况与信息系统进行整合，更没有理顺 e-HR 与 HRM 之间目的与手段的关系，对技术的盲目崇拜超过对业务流程本身的关注，本末倒置、最后只能适得其反。

这也正是为什么国内很多企业引入人力资源管理信息系统之后，并未取得显著效果，正是因为缺乏对人力资源管理信息系统具备正确的认识和运用的真正目的的理解，最后便演变成为一种形式的追求。

（二）对人力资源管理信息系统的认识有待提高

很多企业认为人力资源信息系统的引入无非就是借助信息技术来实现

一些人力资源管理的手段，但其实并非如此。人力资源管理信息系统绝不仅仅是人力资源管理的手段，而应该是通过技术手段与人力资源战略、人力资源规划的有机融入，实现人力资源管理体系的完善，甚至有可能通过信息技术的渗透引发人力资源战略和人力资源流程制度的再造。可以说人力资源信息系统的引入是提升企业人力资源管理效能，完善人力资源管理体系，提高人力资源管理水平的重要过程，它绝不仅仅是一个计算机应用项目，或是传统人事工作操作和计算机技术的简单叠加。

（三）高层不够重视 HR 从业者不够专业

在企业人力资源信息化的实际推进过程中，往往因为企业高层的不够重视和 HR 从业人员的专业素质的匮乏，而对人力资源信息化推进形成障碍。很多企业领导认为人力资源信息化就是需要人力资源部门根据工作流程提出意见，对这一工作推进不够重视，而有些领导即使内心十分关注此事，但是往往又不知道如何入手，从根本上讲，就是企业的高层领导并没有意识到人力资源在企业中所扮演的角色，它是需要企业不同岗位不同角色共同参与完成的。

很多企业在具体推行人力资源信息化工作的时候，往往习惯直接推给了人力资源管理从业者，忽略这是一个需要多个部门协作完成的事情。比如说我们在推行考勤的时候，从人力资源管理者角度是按照如何考察员工到岗、请假等情况而定，但具体到执行部门很多时候简单的流程会造成很多歧义无法处理的现象，如何各部门协助，推进过程我们就可以对细节的规划更为完整。而另一方面，人力资源信息化从根本是为企业高层决策提供服务的，并不仅仅日常性的事务管理，那么缺乏领导的重视和企业战略目标的融入，往往是无法实现预期功能效果的。

另外，很多企业还奉行着人力、行政不分家的管理模式，人力资源工作难度和替代率都不高，因此很多人力资源管理者是从行政或者其他职能部门转变而来，并没有经过系统化、专业化的培训，对人力资源管理信息化缺乏足够的认识，无法从整体和全局的角度帮助企业建立人力资源管理体系。很多从业者依然将自己定位于企业制度和流程的执行者，缺乏对现代企业人力资源管理地位的正确认知，无法成为企业管理过程中真正意义上的参谋和战略伙伴。因此可以说，企业高层管理的人力资源管理理念的匮乏和人力资源从业者的素质欠缺都是造成现代企业人力资源信息化推荐的另一重要原因。

（四）HR 系统急需整合与重组

国内外 HR 软件的生产制造厂商有上百家之多，但产品层次和标准却千差万别。目前国外软件巨头如 SAP、People Soft 等以其的较大影响力和强大的产品功能占据了高端市场。同时也有很多小企业自主研发 HR 信息系统，但产品性能和功能都相对比较单一，服务对象为市场内低端消费群体。这种明显的产品标准各异，造成市场上一片混乱。

同时这些产品因为缺乏统一的行业标准，无法对产品进行有效、权威的评断，很多厂商过分夸大产品功能，妨碍了市场上公平竞争秩序，也是很多企业在购买时茫然。而且产品因缺乏统一的标准，致使很多企业在人力资源信息系统与企业运营系统操作环境下无法进行有效整合，无法实现企业资源的一体化。可以说，人力资源信息系统开发行业的无序和标准的缺失，对 e-HR 的发展和推广产生极大负面影响。

就如上面所提到 HR 信息系统与企业运营信息的无法融合，同样会影响企业分布或局部推行人力资源管理信息系统的企业。人力资源管理信息系统根据人力资源管理的诸多方面可以分为很多模块，而系统各模块很可能也存在兼容问题。其实差异主要源自企业对 HR 系统的需求的不同。很多企业一般对人力资源信息化的需求仅停留在员工考勤管理、员工档案管理、员工劳动合同管理等基本工作电子化的阶段，这种管理理念的滞后，就注定了他们引入 e-HR 项目仅仅是为了实现基础工作的效率提升，提高局部的人力资源管理状况，而随着企业引入人力资源信息化部分模块，让管理者和从业者都体会到了其中的便捷，很多企业开始着手陆续引入其他管理模块，但此时我们所提到的无法兼容问题将会随之出现。

例如某企业，2019 年引入员工信息管理系统，在 2020 年初又引进绩效管理系统，但因为经费和软件功能的综合考察，选择的系统分别为不同企业提供，两个模块都是在多种产品中性价比较高的产品，但由于两个模块分别产自不同企业，技术标准不一致，造成两个模块的资源无法融合、共享，增加了从业者的工作量，同时也对整体推行的效果产生了影响。目前一些较大规模的 e-HR 系统都为了能与企业其他管理信息系统进行有效整合，采用了较为流行的技术开发平台，并预留了二次开发的接口，以便于日后系统升级优化，并延长系统的生命周期。因此人力资源管理信息系统开发商急需固定的行业技术标准来规范人力资源信息化的发展。

我们通过对企业人力资源信息化发展的现状进行梳理，揭示出各企业人力资源管理信息化推进的阻力和影响企业人力资源信息化推进的重要原因，但同时也指出人力资源管理信息化已经成为大势所趋，因此如何克服目前存在的问题和困难，使人力资源管理真正实现信息化仍然有很长的路要走，这不仅仅需要人力资源从业者的关注和努力，更需要企业高层管理者的重视和决心。

第四节 现代人力资源管理信息化的影响

一、企业人力资源管理信息化发展的积极作用

（一）及时准确的统计分析和管理控制

在大多数的企业中查询或是保存人力资源方面的信息基本都是用 office 文档进行操作的，例如很多人力资源从业人员会通过 Excel 表格来计算员工的工资，而往往会设立多个 Excel 表格来核算、存储各个月份的工资情况，如果我们想对工资成本及工资水平，或是部分部门、部分员工工资进行比对的时候，会很困难。需要将多个存储文档中对信息进行调取、整合，工作量会很大。再如通常会将员工的个人档案信息、异动调资信息、培训信息、社会保险缴纳信息、绩效考核结果等可能被存放于多个 Word 或 Excel 文件里，或是将纸质文件统一保存。对于人力资源资源从业者来说，将这些分散的信息数据，在进行采集、整合、更新和调用，是一项劳动量大、内容庞杂、性质重复的工作，浪费巨大的时间和精力。更重要的是数据的保存和查找同样也是一个相当困难、繁杂的过程，而要保证这些分散文件的信息保持相容性或是一致性，几乎是不可能的，即使做到也需要大量的时间和精力来完成这样的工作。

人力资源部门很多时候又一个数据提供者，因为需要定期地向企业领导、社会保障部门、劳动监察部门、企业董事会等多个机构提供企业员工情况。这种时候，很多人力资源从业人员都是从员工档案文件中获取人员的个人信息，再从另一个文件获取他们的劳动合同信息，有时还需要从其他文件再获取相关的工资信息，由于所有的信息都是分散保存的，因此对信息进行匹配、整合成了人力资源从业者的主要工作，占据了大量的精力

和时间，而且这种工作的执行往往是被动的，使人力资源从业者陷入了被动执行的工作内容中。同时提供的数据因为分散或是各种登记时文字的差异，很多时候会出现信息不完全或不准确的情况，大大降低了人力资源从业者在企业领导、政府主管部门领导心目中的专业水平。

采用人力资源信息系统管理，就可以用集中的数据库将与人力资源管理相关的信息全面、有机地联系起来，可以有效减少信息更新和查找中的重复工作，保证了信息的相容性，从而提高工作效率，还能提供原本不可能的分析报告。

信息技术在人力资源管理中的应用，让很多企业开始重新审视和再造在组织内部已经存在多年或已经形成固有模式的传统流程。甲骨文（Oracle）企业通过使用自己的人力资源信息系统，为企业节省资金达到十多亿美元，其中相当大一部分成本的节约是来自人力资源管理职能的转型。众所周知，甲骨文企业是世界知名的软件企业，由于业务遍布世界各地，其员工也遍布全球且数量不断增长，企业必须尽可能采取一种平稳而有效的方式，来管理企业各种日常行政事务。于是企业利用自身信息技术和软件开发的优势，通过信息技术与人力资源管理操作流程的有机结合，研发出一种具有成本有效性的从企业到员工（BZE）关系，既提高了员工的生产率，又产生了效益回报。

通过将常规的人事管理工作转移到互联网上很大程度上正是靠 Oracle 的 HR 部门职能转型实现的。Oracle 根据对全球各地人力资源管理工作的内容进行调研，并进行了仔细的分析发现，人力资源从业人员 60%以上的工作都是那些简单、重复的事务性工作。通过人力资源职能转换，引入自主研发的信息系统向员工提供了自主服务功能之后，就使 HR 人员从常规性的日常工作中解放出来，转而为更高层面也就是战略和决策层面提供服务。

甲骨文企业也是通过采取自主研发的人力资源信息系统为员工提供各种自我服务工具，并且通过引入自助服务工具和业务流程自动化、信息化，使日常事务性人事工作基本实现自动化。从而将分散在全球各地又相对独立的多种人力资源管理体系进行整理，降低了管理成本，提升了人力资源管理的工作效率和业绩。

（二）提高 HR 部门的工作效率和质量

从某个角度来说，人力资源部门其实是将企业内部员工作为顾客来进行服务的部门，员工的满意度一定程度上是作为极为重要的标准来衡量企业人力资源管理部门管理工作质量。员工满意度高，也就是说明员工对企业的信任度、忠诚感和归属感都比较高，同时也就促进了企业人员结构的稳定，提高了员工对组织的贡献度，大大增强了企业可持续性发展能力。

而人力资源信息化的推行正是将人力资源管理职能通过信息技术的融合，将原本庞杂、无序、混乱的工作流程化、清晰化，提高了人力资源管理部门的工作效率，是企业内部员工遇到的人事问题能够快速得到解决，从而使人力资源管理从业者在服务部门和企业领导中建立起专业、效率高的形象。同时人力资源管理者可以用更多的精力来从业更能发挥人力资源管理职能的工作中去，比如建立公平、公正、透明的员工绩效考核机制，合理地评价员工的工作业绩和工作态度，从而提升员工信任度。同时要对员工专业能力和专业知识进行评估，找出不足和潜力方向，再通过进行职业培训开发，使员工贡献价值达到最大化。加强管理者与员工以及员工之间的交流与沟通，建设高效团队，提升团队业绩，从而大大提升了人力资源管理部门的工作效果，更大程度上发挥了人力资源管理职能，提高了人力资源管理质量。

（三）便于访问与查询增强信息透明度

大部门企业在没有引入人力资源管理信息系统之前，如果要对企业人员进行数据统计时，这项工作往往要依赖于某个人或者某些人来完成，首当其冲的就是由人力资源部门。人力资源从业人员会通过对不同文件中相关信息的采集、调用、整合、汇总，完成整体过程，再提交给总经理。而这种依赖往往会因为某人休假、离职或者花费时间过程而无法及时完成。在引入人力资源管理信息系统之后，就会从这种对人的依赖转化为对信息系统依赖的过程，工作的完成与否不会再以人员的缺席、变动为关键因素。

企业管理人员要获取所需的数据，只要获取相应的权限，可以随时登录系统，直接查阅所需的信息。如某企业总经理要了解人员到岗信息和生产车间内编制计划，可以一目了然，同时再如某部门员工因病向主管领导提出请假，但系统中工资核算中并未因此而产生扣款，这样不仅大大增加人力资源管理的透明性和公开性，同时也对人力资源从业人员的工作态度和工作质量提出了更高的要求，也更好的规避了企业内部因以前静态信息而产生的一些不完善的现象。

（四）提高公平性指数提升员工满意度

很多企业都在不同程度上存在着人才流失现象，究其原因，多数都归结于外部环境的影响以外，往往找不到更具有说服力的理由。其实人才流失除了最为关注的薪资因素之外，还有很多其他的影响因素，如工作环境、公平绩效机制、员工培训机会和个人职业生涯发展等等。现在很多人利用工作以外的时间学习了很多的课程，掌握了一定程度的专业技能。但是，按以往的市场环境，其除了有机会在领导和同事面前显示外，很难得到与之相匹配的岗位和薪酬。同时，在掌握了充分的专业技能之后，员工就会期盼在所学的专业领域上能够有所发挥，不再满足现有的岗位，结果大多都是远走高飞，另觅高就。如果可以时时掌握员工专业动态，将员工获取的专业技能储存于人力资源管理信息系统，在某个岗位出现需求时，先打开内部招聘渠道，在企业内部搜寻一下是否有与之匹配的人选，这样不同程度上满足了员工在企业内部晋升、轮岗等个人职业发展的需要，也许会留住一部分人才。

再如，在提拔中层管理干部时，主要的依据来源于哪里？是根据谁在领导面前表现得多，还是根据他的知识、业务技能水平和以往的绩效业绩呢？人才选拔必须遵照公平、公正、公开的原则进行。其意义不仅在于选拔人才本身，而是它还会给员工传输这样一种暗示：个人在企业内的职业发展并不取决于他是否善于在领导面前表现，而是在于其个人的工作态度和工作业绩，从而达到激励员工的目的。因此企业必须在制度、流程上予以相应保证和必要的工具支持，才能避免公平性成为一句简单口号。人力资源管理信系统可以说就是一种非常有效的辅助工具。

（五）提升企业竞争力

在实施人力资源管理信息系统后，将人力资源信息经过整合、丰富，不仅可以为企业领导者提供较为准确、全面、一致、相容的信息，对企业现有人力资源状况有一个较为全面和准确的认识，同时也可以将各种数据整合、分析出具相关的报表供企业高层在制定企业决策时做以参考。例如在年度调薪或薪酬体系变更前，将不同岗位的历史薪资和市场数据进行比对和分析，可辅助企业高层决策更具有科学性和可行性。

搭建和实施人力资源管理信息系统的过程本身其实也包含着对企业现有组织机构和岗位设置、管理流程、制度建设、薪资体系、绩效体系等等的回顾，并根据系统中所蕴含的先进管理思想来改变现行的管理体系，因此在推进的过程中可以看到这样一种现象：管理水平上比较完善的企业人力资源管理系统实施的推进工作往往要比管理水平稍差一些的企业开展得要容易一些；而管理水平较低的企业在实施推进的过程中往往会很快暴露出企业内部人力资源管理方面存在的问题。因此实施的过程也可以说对先前推行的制度流程的一种考验和反思，同时也是企业重组、改进、提高管理水平的契机。

另外需要说明的是，信息的透明和安全其实本来就是一对矛盾体。人力资源管理信息系统的安全性设计使机密的 HR 信息处于一种受控的透明状态下。虽然能够访问和查询获取信息的用户都是相应授权的，但 HR 信息经过审批执行的文件，如薪资调整、职位晋升等，如何将机密性纸质文件进行保存和加密，也是人力资源从业者面临的一个重要课题，因为人力资源信息对于企业来讲是具有较强的保密性和商业价值。

二、企业人力资源管理信息化的负面影响

如同信息技术是一把"双刃剑"的道理一样，推行人力资源管理信息化也会为企业带来一定程度负面的影响。在认识到人力资源管理信息化的优越性和为企业带来的效益的同时，如何避免和消除其负面的影响也就显得十分重要。人力资源信息在企业中往往具有很强的保密性，因此如何在便捷、简化、透明的信息系统操作下，保护人力资源方面的机密信息，尤其是大量签批纸质文件扫描而成的图像信息的加密与保存，也是非常让人力资源部门头疼的问题。

（一）安全问题

信息透明化可以说是人力资源管理信息化给企业 HR 管理工作带来的最为明显优势，但是它所引发的信息安全问题也就成为我们关注的主要话题。可以说信息透明和信息安全就是一个矛盾体，如何平衡二者之间的关系成为摆在我们面前亟待解决的课题。通过专业的信息技术手段，并由专业的人员来设计、维护、管理信息系统，从而保证人力资源信息的安全性和机密性。

人力资源信息化系统的安全体系主要涉及用户身份验证、权限分配、数据存储、数据传输、数据恢复以及系统日志等环节。数据加密解密的过程很大程度上会直接影响系统的运行效率，但数据网络传输数据和数据存储却必须采用必要的安全加密措施加以保护。对数据包内的关键数据进行二次存储加密，通过客户程序与服务程序内嵌的加密以及相关的标准安全协议来确保传输过程的安全，是目前比较好的解决方案。此外，身份验证

机制和系统提供的日志功能，都能够很大程度上强化系统的安全性。另外，系统还应定期进行人工或是自动备份，以避免突发性事件。

对于安全性的设计，我们多数采用通过人力资源信息处于一种受控状态下的透明，也就是只有得到系统授权的用户才可以访问到被允许获知的信息，但同样人力资源信息很多为领导签授性文件，是要对原始信息进行存储和更新，那么如何处理这些纸质不易保存，却很机密的信息文件呢，这也是本文所研究并且也要进行解决的问题。

（二）心理危害问题

人力资源管理信息化系统的引入，对企业员工的心理也会产生一定的影响。

首先信息技术和网络技术在人力资源管理领域的广泛应用犹如互联网给人际交往带来的心理问题一样，使得人与人交往的方式发生巨大的变化，自助式人力资源服务、电子邮件（E-mail）信息传输、BBS 信息发布等成为人力资源管理部门与员工、员工与员工之间交流与沟通的主要方式，这样交流方式很大程度上取代了面谈、电话交谈的频率，很容易引发员工之间人际交往孤僻，各部门之间缺乏有效沟通，企业内部员工信任缺失，无法真正建立起高效、和谐、共同成长、信任的组织团队，对企业发展形成阻碍。

其次随着人力资源信息化的引入以及员工对互联网知识的普及，员工对个人信息在企业中保存的隐私和个人信息被窃取等都存在一定担心，尤其身份证和重要证件的企业存档，都会给他们带来不同程度的惶恐不安和无所适从，影响工作的效率和员工对企业的归属感。

人力资源管理部门要认识到上述问题的严重性，给予高度重视。通过引入以人为本、人性化的管理理念，将人性化管理与信息化管理相结合，充分发挥人资源管理信息化系统的优势，同时避免其对员工心理的危害。

（三）个人资料保护问题

人力资源信息避免不了存在大量个人信息，因此人力资源管理信息化势必需要将大量个人资料收集并数字化，且集中保存。而个人信息通常一般包括个人身份资料比如：姓名、身份证号码、学位证书编号、资格证书编号、劳动保障编号等，永久性体貌特征比如：性别、民族、血型等，基因方面的资料比如出生日期、居住地点、家庭成员情况等，现在状态资料如工作经历、教育经历、家庭成员状况等。在信息时代，这些个人信息资料已成为一种市场价值极高的商品，而被各种前所未见的方式猎取和收集、收购和出售。

因此，人力资源管理信息化推行实施的同时，如何对系统数据库内员工个人信息的保护必须引起企业和人力资源部门的高度重视。在信息系统实施时就要充分考虑个人资料的保护，通过提高系统运行的稳定性和安全性、增设数据库的安全防护措施来确保系统内各项信息资源的安全；为确保人力资源数据库的信息安全、可靠，必须严格进行用户角色、用户权限的设定和限制，规定不同部门、不同职级、不同职能的员工获取个人资料的等级。同时完善人力资源管理的各项规章，在制度和流程的拟建上做好对员工个人信息的安全保护工作。

（四）签批文件的信息安全性

人力资源部门是企业的核心部门，他们掌握着企业人员的工资信息、员工关系处理，而其中涉及大量的企业机密文件，无法进行公开、透明，而简单地进行用户访问角色的设置往往也不能满足实际的要求。比如员工薪资上，同级别岗位但因承担的工作内容与职能的区别，都可能导致两个同岗位人员的薪资有所差异，在调薪处理上我们无法将其进行公开化，并且此类文件多为相关领导进行签批确认后才可实行，这样如何将这样有实际签批记录的纸质信息的扫描图像进行加密并储存就成了一个重要的课题。再如员工劳动关系的处理很多方案信息对外都是不予公开，而且每一个处理案例都是企业领导层商议通过的处理意见，如何将这些机密性文件妥善保存。人力资源部门作为企业核心信息的掌控部门，很多信息都是签授性纸质文件信息，带来的问题就是数据信息量大，纸质文稿不易保存，扫描文件面临图像加密的课题。

（五）知识产权保护问题

伴随着人力资源管理系统的引入，人力资源管理中自助服务、在线培训等功能都将得到频繁地使用。涉及上述各种功能的电子媒体的使用权、发表权、数字化复制下载等所引起的版权使用及知识产权保护问题也同样不容忽视。因此建议人力管理部门对所采用的电子媒体和多媒体课件都要进行法律咨询，合法取得授权，避免产生不必要的法律纠纷。

我们从正反两方面阐述了现代企业人力资源管理信息化带来的影响，

在给现代企业带来管理方便、快捷、制度化、专业化、系统化的人力资源管理的同时，也带来了很多负面的影响。因为人力资源工作所管理、保存的信息都是企业的重要信息资源，具有一定保密性和隐私性，同时很多签批文件是要留存，具有追溯性的，因此，信息安全也成为人力资源信息化进程中一个关键的问题。

第三章　招聘、培训信息化管理

第一节　企业人力资源招聘概述

一、招聘的含义

招聘是指在企业总体发展战略规划的指导下，制订相应的职位空缺计划，并决定如何寻找合适的人员来填补职位空缺的过程，其实质就是让潜在的合格人员对本企业的相关职位产生兴趣并且前来应聘这些职位。

要想准确地理解招聘的含义，需要准确把以下三个要点：

（1）招聘的目的是吸引员工，也就是说要企业人力资源管理部门在招聘阶段的任务是人才吸引到企业，至于如何选拔应聘者并不是招聘工作的主要内容，不要和录用混淆。

（2）招聘所吸引的人才一定要是企业需要的，这也就意味着招聘要把空缺职位的人员吸引过来，这一点可以作为对人力资源管理部门招聘工作质量的一个衡量标准。

（3）招聘活动吸引人员的数量应当控制在一定的范围之内，既不能太多也不能太少，应该与企业的需求量相适应。

二、招聘的原则

（一）科学客观原则

科学客观原则是指企业制定人员招聘计划时，应该充分考虑相关政策法规、劳动力市场的供求状况以及企业的客观需求，企业的人力资源招聘计划应该是建立在科学分析之上的客观结果。科学客观原则还体现在招聘过程中对招聘技术以及选拔方法的科学运用，充分结合心理学、行为学等科知识，不仅要选拔出符合企业工作需求的员工,还要充分发掘具有培养潜力的人才。

（二）竞争透明原则

经过长期的实践检验，竞争市场是最有效率的市场，这启示我们当企业引进人员时，要充分发挥和利用竞争机制的这一特点。在企业招聘的竞争性方面我们可以从以下两个方面入手：①制定具有竞争性的招聘条件，尤其对高级管理人才及关键技术人才要能体现出挑战性；②促进应聘者之间的竞争，这样不仅可以保证应聘者在招聘过程中能充分展示自己的才能。

招聘的标准、要求、过程以及评审的标准的透明性在很大程度上影响着应聘者对企业招聘的公平性以及信誉度的认识，这样做还可以有效地避免不合格的应聘人员利用非正当途径进入企业。

(三) 人力资源工作要与组织长期目标一致

在招聘过程中更要注重应聘人员的现有技能和所具备的潜质，使其与组织的主业和下一步发展相一致，使得组织在生命周期的任何阶段都有充足的后备人选。同时，对组织内现有的或将来的各个部门的人员配备做出初步的规划，做到统筹规划，综合引进，并充分利用现有的人力、财力，尽最大可能找到适合的人选。

(四) 经济性、效益性原则

企业在招聘过程中需要花费大量的费用，但理想的人才对企业的贡献将远远高于招聘费用。所以，招聘时要坚持经济性、效率性原则，根据不同的招聘要求，灵活选用适当的招聘形式，用尽可能低的招聘成本录用高质量的员工。

(五) 阶段性、连续性原则

个人的发展与企业的发展同样具有阶段性。在企业特定的发展阶段中，要有目的地吸收与企业成长阶段相适应的人才，做到量才录用、用其所长、人尽其才。因而，在招聘过程中，不一定要最优秀的，只有招到最合适的人选，才能使企业和个人都得到相应的发展。同时，随着企业的发展和市场的变化，以及人才市场的自然流动性，企业还要保持招聘的连续性。一方面为企业的发展提供人力资源，另一方面又使企业不断地增加新鲜血液，提高企业的市场适应性。

(六) 稳健性、利用"外脑"原则

招聘要坚持稳健原则，提高成功率，采取积极措施增加成功的可能性。如估算招聘计划的成功概率，训练招聘人员，为招聘者提供相关的工作预

览。必要时，可借助"外脑"，聘请有经验的专家及专业机构对应聘者进行选拔与评价。

三、招聘的影响因素

（一）外部因素

1. 国家政策与法律法规环境

国家政策与法律从客观上界定了企业人力资源招聘的选择对象和限制条件，是约束企业招聘和录用行为的重要因素。改革开放之前，我国实行全面包干的"低工资，高就业"的就业政策；改革开放后，实行"三结合"的自由就业方针，并对原有的劳动合同制进行了改革，使企业的招聘拥有了更多的自主性和灵活性，促进了人才的流动。

2. 社会经济制度

企业招聘制度逐步完善，招聘的方式方法日趋科学，并且随着民营企业的快速发展，其招聘方式和用人理念也对传统的招聘制度造成了很大的冲击。随着市场经济的发展，在国有企业人事制度也在逐步向市场化转变，企业的人力资源招聘都在朝着科学化、公平化、自主化的方向发展。计划经济体制限制了人才的发展，人才供求双方的选择空间都很小。在政府分配工作的时代，企业接受大专院校学生，转业、退役军人，以及工作调动人员，这种人才选拔制度并不能真正地发挥出这些人才的才能，企业也难以从中受益。

3. 宏观经济形势

（1）通货膨胀影响企业人力成本。通货膨胀对招聘的直接影响体现在招聘的支出上。在通货膨胀的经济状态下，企业人力资源招聘的成本上升，另外，员工工资的上升也会影响招聘成本，制约招聘规模。

（2）宏观经济形势与就业率紧密相关。一般而言，宏观经济形势良好，则失业率低；反之，宏观经济出现危机，企业生产能力水平低，招聘机会少，则失业率高。

（3）政府对经济的宏观调控能力。政府通过制定相关的金融、税收等来影响和调节资本和金融市场，从而间接对企业以及企业用人标准产生影响，主要包括影响招聘规模、招聘范围、招聘标准等。

4. 社会文化环境及风俗习惯

社会文化背景及企业所在地的教育状况、风俗习惯也会对企业的招聘活动产生影响。因为社会文化和风俗习惯影响的深刻性和长远性，受其影响的人们会形成带有明显社会文化价值倾向的择业观念，这些观念直接影响人们的职业选择甚至对教育的选择。

5. 技术因素

企业的生产技术水平、管理手段以及企业生产的现代化程度等，都对企业的人才需求结构和类型有着极为重要的影响。技术进步对企业人员招聘的影响主要表现在对劳动力市场的影响，对人力资源招聘数量的影响以及对就业者素质要求的变化三个方面。技术进步对企业与应聘者双方的影响都是巨大的，企业在进行招聘时必须尊重这些客观事实，并且要科学预测这些因素的发展变化趋势，在全面认识和科学分析的基础上进行员工的招聘。

6. 劳动力市场与产品市场

劳动力市场是进行招聘工作的主要场所和前提条件，我可以劳动力供给数量与劳动力质量这两个方面来进行理解。

（1）从劳动力供给数量的角度来看，供不应求的劳动力市场会使招聘活动变得既困难又昂贵。

（2）从劳动力供给质量的角度来讲，劳动力需求方——企业会对求职者的素质提出具体要求，对求职者的需求的满足也有一个范围。

在劳动力市场上，不同类型人员的供求状况存在很大差异。一般来说，招聘岗位所需条件越低，劳动力市场的供给就越充足，招聘工作相对容易；招聘岗位所需条件越高，劳动力市场的供给就越不足，招聘工作就越困难。

（二）企业内部因素

1. 企业的发展战略

（1）企业战略类型影响招聘的数量。企业发展战略一般可以分为成长型、稳定型以及收缩型三种，不同的发展战略对员工的数量和质量都有所不同，企业应该根据自己所采取的发展战略结合自身的实际状况，科学确定自己的招聘规模以及招聘人员的数量。

（2）企业战略决策影响招聘的方法。采取不同战略类型的企业，应采用不同的招聘方法以满足自己对人才的特殊需求。防御型企业倾向于内部调配，通常采用内部提拔的方法；探索型企业中，倾向于高技术人才，通常采用雇用成熟员工的方法；分析型企业二者都有侧重，通常采取二者结合的招聘方式。

（3）企业战略选择影响招聘人员的素质与类型。不同发展战略的企业，招聘人员的素质和类型也有不同的要求。如选择多元化战略的企业需要招聘背景多样化的员工，选择国际化发展战略的跨国企业决定了其招聘来源的国际化。

2．招聘职位的性质

企业人力资源招聘的主要目的是为企业储备人才和是填补职位空缺两个方面，一般以后者为主。通常来说空缺职位的性质由人力资源规划决定的空缺职位的数量和种类以及工作分析决定的空缺职位的工作职责所决定。空缺职位的性质是决定企业招聘数量和招聘范围的重要依据，并且它也是应聘者了解岗位职责，进行自我定位的重要依据。

（1）储备型人才要与企业发展战略相结合。储备型人才是为企业的发展进行的人才储备招聘，因此招聘标准不仅要符合企业发展战略，并且还要特别注重选拔人员的竞争能力和创新性。储备人才的招聘必须与企业长远发展目标相结合，谨慎选才，企业不仅要对他们的近期发展负责还要为他们的长远发展考虑。

（2）招聘普通工应考虑节约招聘成本。普通员工是企业人力资源的最主要构成部分，其特点是对员工素质要求不高、数量较多。劳动力市场也有在旺季和淡季之分，企业在旺季招聘不仅可以保证招聘的数量，还可以在一定程度上保证员工的素质并降低招聘成本。普通员工中有一部分会与企业长期合作，逐步成长为中基层管理者；有些则流动频繁，难以持续在一个企业里工作，这也是企业在招聘时要充分考虑的一个因素。

（3）招聘特殊人才应多借助猎头企业和专业的评价中心。特殊人才是适合特殊行业的专业人才和身怀绝技的专业人才。特殊人才包括企业所需的一些经验充足的高级技工和经过特殊培训得到的人才，如航空企业的飞行员、学科带头人、技术发明者、高级广告设计师以及顶尖的建筑设计师或者服装设计师等。企业想要想获取这些人才，单靠企业的自己力量是不够的，大多数情况下需要借助著名的猎头企业和权威的评价企业协助才能完成对人才评价和引进的整个过程。

（4）招聘高层管理者必须综合使用多种方法。高层管理者对企业的发展至关重要，因为他们是企业发展方向的引领者，他们的称职与否与企业的前途紧密相关，身为管理者必须德才兼备并且能够带领企业历经风浪而不倒。在高层管理人员你的招聘中，企业首先要保证招聘的范围么这是企业发现真正人才的重要保证；其次企业必须采用综合选才法，不仅要通过猎头企业、评价中心、企业内外的专家学者推荐，同时也要建立起自己的人才挖掘渠道。

3. 企业的用人政策

企业高层决策人员的人才观与用人政策不同，对员工的素质要求也就不同，从而导致企业的人才招聘策略也会存在比较大的差异。就一般情况而言，企业高层决策人员对企业内部招聘或外部招聘的倾向性看法，会决定企业主要采取哪种方法招收员工。

物质吸引是企业招揽和留住人才的重要手段，也就说企业的报酬及福利待遇水平高低对业招聘工作效率有着极为重要的影响，企业必须要引起重视。如果企业某一岗位的空缺时间很长，多次招聘都难以找到理想的人员，那么这是企业就要检查一下自己的薪酬和相关福利制度，是不是因为低于同行业的竞争者而失去了吸引力。

4. 企业文化与形象

每个企业都有自己独特的企业文化，企业文化同时也是企业特有的竞争优势，在现在企业的经营中为企业文化越来越得到企业的重视。企业文化是企业全体员工在长期的生产经营活动中培育形成并共同遵循的最高目标、价值标准、基本信念及行为规范的总和。这种影响不仅体现在企业的生产管理之中，同时也渗透到了企业的用人思想上，企业的招聘标注一般的都会鲜明地体现出企业对员工价值观和文化观的要求。

一般情况下，当企业的开放程度低时，原有的企业员工会比较排斥外部人员，因此这类企业的填补职位空缺多是通过内部选拔和晋升填补；反之，企业则可以从内部、外部两个渠道来进行空缺职位的补充。

5. 企业的招聘成本

不同的招聘渠道、招聘信息发布方式、选拔方法所需要的时间周期不同，花费的成本差异也很大，作为盈利的经济单位，企业不可能在人力资源招聘上不去考虑其成本，企业往往想在最少的资金投入下取得最好招聘效果。不同的招聘方法完成招聘所需要的时间不同，所需时间随着劳动力市场条件的变化而变化。在劳动力市场的淡季，求职者减少，企业的人力成本会生上升。因此，企业在进行人力资源招聘之前相关人员应做好预测，以保证企业在预定的时间内获得所需合格人员。

（三）应聘者因素

1．应聘者的职业定位

职业锚是指当一个人面临职业选择的时候，他无论如何都不会放弃的职业中至关重要的东西或价值观。职业锚的概念是美国学者沙因提出的，主要有五种。

（1）技术型职业锚。具有较强的技术或功能型职业锚的人往往不愿意选择那些带有一般管理性质的职业，倾向于选择能够保证自己在既定的技术或功能领域中不断发展的职业。

（2）自主型职业锚。属于这种类型职业锚的人希望自己摆脱那种因在大企业中工作而依赖别人的境况，追求的是最大限度地摆脱组织的约束。

（3）创造型职业锚。这种类型职业锚的人要求有自主权、管理能力，能够施展自己的特殊才能，喜欢创造属于自己的东西，创新性较强。

（4）管理型职业锚。有些人则表现出成为管理人员的强烈动机，这种类型职业锚的人将管理作为自己的最终目标，他们具有比较强的分析能力、人际沟通能力和情感控制能力。

（5）安全型职业锚。这种类型职业锚的人极为重视长期的职业稳定和工作基本安全，有体面的收入，退休后有保障，他们倾向于按照别人的指示进行工作。

2．应聘者的主观偏好

不同求职者对同一因素存在不同偏好，不同的偏好影响了求职者应聘行为。如在市场工资水平一致、职业技能相同、个人财富总量相等的条件下，有的求职者选择轻松但报酬低的职业，而有些求职者则对货币收入的追求程度较高，则倾向于选择劳动强度高、责任重的全职工作以获取较多的收入。另外有的求职者偏重于选择劳动环境，表现出不同的偏好。

应聘者的家庭背景如家庭的经济状况、家长的职业、家庭教育等在很大程度上会影响其择业偏好，进而影响其职业选择，如艺术之家、教师之家、医生世家等都是家庭背景对择业影响的很好例证。

3．应聘者应聘意愿的强弱

求职动机是指在一定需要的刺激下，直接推动个体进行求职活动以达到求职目的的内部心理活动。个人的求职目的与拟任职位所能提供的条件相一致时，个体胜任该职位工作并稳定地从事该工作的可能性较大。

显而易见，个人的求职目的与拟任职位所能提供的条件相一致时，求职者与拟任职位的匹配性就强，反之就会弱。求职强度高的应聘者容易接受应聘条件，应聘成功率高。反之，求职强度低的应聘者对应聘条件较挑剔，应聘成功率低。

4. 应聘者的职业倾向性

个体择业偏好决定着其择业倾向以及最终的择业决策。对于这个问题，美国约翰霍普金斯大学的心理学教授和职业指导专家霍兰德认为，人的职业倾向和社会职业都归为六种类型：现实型、常规型、社会型、艺术型、调研型、企业型。霍兰德的职业倾向理论认为，每个人的性格和天赋决定了其职业倾向，职业倾向是决定一个人选择何种职业的重要因素，同一类型的劳动者与同一类型的职业互相结合，便达到适应状态，这样劳动者找到了适宜的工作，其才能与积极性才能得以发挥。求职者个性特征各异，与个性特征相关程度高的职位会被认为是理想职位而努力求之，而且在相关程度高的职位上工作容易感到乐趣和内在满足，降低流动率。

四、人力资源招聘的基本战略

企业在进行人力资源的招募时，总的来说可以采取三种战略，即高薪战略、培训战略、广泛搜寻战略，并且各有优缺点。

（一）高薪战略

我们所说的高薪战略就是指企业在人员招聘时为空缺职位确定高于市场水平的薪酬，从而增强对求职者的吸引力，得到自己需要的人才。这种做法的优点是能够快速吸引到高质量的求职者，招募工作比较容易完成；存在的问题是，企业将来需要承担较高的人力资源成本。

（二）培训战略

培训战略是指企业对求职者的基本素质有要求，但是对工作经验却没有太高的要求，只要求职者的基本素质符合企业的要求，那么企业可以在正式雇用员工后对其进行适当的培训，以达到快速上岗的目的。培训战略的好处显而易见是能够快速获得符合要求的员工，因为培训战略对工作经验几乎不作要求；但是存在问题也很明显，即组织将来不得不分配一定量的企业资源对员工进行工作技能的培训。

（三）广泛搜寻战略

广泛搜寻战略的核心是既要求人才质量，又不需要支付较高水平薪酬的战略。就我国而言，虽然目前人力资源市场的劳动力十分充足，但是采用此种招聘战略的企业，进行人力资源招募工作的难度仍然很大。虽然有时候企业或许最终能够找到这种能力符合要求，同时薪酬水平要求也不是很高的人员，但是无论是招聘的时间成本，还是搜寻的时间成本都会很高，并且需要企业付出相当大的工作和精力。如果企业岗位出现空缺，并且由于生产经营的紧迫性，企业需要在短期内迅速填补职位空缺，这种战略显然难以达目的。

第二节 人力资源培训

一、人力资源开发与培训

（一）开发培训的含义

人力资源培训和开发的实质是员工的培训。就含义而言，培训是指企业通过组织新员工或现有员工集体学习，帮助他们完成技能掌握和提高的过程。企业人力资源开发管理是指企业通过组织培训活动传授员工知识，帮助其转变工作观念和提高工作技能，以提高企业工作效率的一种人力资源管理活动。

企业人力资源开发与培训是不仅是员工的自我提升同时也是企业的自我提升，因为通过人力资源开发与培训企业可以更高效率地提升自己的经营和管理目标。企业人力资源培训与开发是一种通过提高员工工作能力，改善员工工作态度系统化提高企业经营绩效的行为改变过程。从中我们也可以看出工作行为和工作态度的改善是提高是企业人力资源培训与开发的关键要素。

企业人力资源培训与开发的主要目的有：

（1）提高员工的工作能力和绩效。

（2）增强组织以及员工个人的适应性。

（3）提高员工的忠诚度。

培训与开发是两个既相联系又相区别的概念：培训是指为员工提供指导学习在工作中能够用得上的技能知识的这一过程，着眼点比较狭窄，着重那些能尽快给组织带来好处的技能；开发的视野比较宽阔，它使员工学习那些今天或者将来的某些时候能用到的知识，而是更多强调满足组织总体和长期的发展需要。表 3-1 说明了培训与开发之间的不同。

表 3-1　培训与开发的比较

项目	培训	开发
关注的重点	现在	未来
工作实践的运用程度	低	高
目标	为当前工作做好准备	为未来变化做好准备
参与	必需的	自愿的

虽然培训与开发并不是同一个概念，但是二者差别细微并且具有相同的最终目的，即通过提升员工的能力实现员工与企业的同步成长。

（二）开发培训主要类型

企业人力资源培训与开发根据不同的划分标准可以分为不同的种类，在此仅介绍根据培训时间与工作关系划分的一种。

1. 不在岗培训

不在岗培训是指员工不在岗位上而进行的专职培训，有岗前培训和脱岗培训。这里我们应该明确一个概念，不在岗培训并不是专指脱岗培训。

（1）岗前培训。岗前培训是指企业对招聘录用的新员工在进入具体岗位之前所进行的培训。培训内容包括两部分：一是让员工迅速接触和认识企业，使其对企业价值观的和客观环境有个一个正确的认识，掌握其岗位的要求；二是培训员工工作时需要用到的技能。

（2）脱岗培训。脱岗培训是指因为原有岗位技能方面的深化，员工脱离具体岗位而进行的集中的有针对性的培训。一般而言，中小企业采用脱岗培训的机会较少。

2. 在岗培训

在岗培训是指员工受训的过程与本职岗位工作同时进行。又可以分为交叉－交流培训和岗位培训。

（1）交叉－交流培训。交叉－交流培训是基本目的是开阔员工的视野，为其提供获取更多知识储备的一个过程，并且可以帮助员工变为熟悉企业中的多种工作的全面型人才。在岗培训的基本目的是培养工作多面手，从某种意义上来说企业各层次的管理人员也是其实施的基本目的。这种培训要及时进行效果评估，确定员工对新岗位的胜任情况，以免造成不必要的损失。

（2）岗位培训。岗位培训是使员工对职位需要的技能进行进一步的提高，使其提高自己工作效率并适应企业新的生产经营节奏。在岗培训往往都是伴随新工艺、新技术的产生而产生的，比如计算机产生后，财会人员对会计电算化的学习。

二、培训开发的基本内容

一般来说各种类型的企业所进行人力资源开发和培训，设计和规划的基本内容具有极高的相似性，主要包括：

（一）规范培训

在大多数的情况下，企业进行的规范培训包括企业规范条款培训以及法律培训两个方面。

1. 企业规范条款培训

企业规范方面的培训包括企业的规章、制度，企业的目标、历史，企业的文化等方面的内容。企业规范不仅是企业进行日常管理和经营的基础，同时也是培养企业员工的认同感，促进企业文化传播的重要途径，使之能自觉遵守企业的要求，将自己融入企业中去。

2. 法律培训

法律是一切社会活动基本准则，企业对员工进行法律方面的培训有很强的必要性。其原因主要有两个：

（1）企业要依法运营。不遵守法律的企业，可能会得到一时的便宜或者好处，但是长期如此，企业经营一定会逐渐走向衰落，进行法律培训可以保证企业的各项经营管理活动都在法律范围内进行。

（2）员工要对经济法规有所了解。中小企业要对员工进行一些经济法规的培训，如《经济法》《票据法》等。这种法律培训可以规范企业的责任和义务，也可以赢得员工对企业的认可。

（二）岗位技能培训

业务技能培训是指对员工业务方面所需要的新技术、新工艺和新理论等方面的培训。中小企业业务技能培训是重中之重。业务技能培训一般包括：

（1）业务知识学习。

（2）先进理论的应用培训。

（3）操作技能培训。

（4）预期开展业务的提前培训。

（5）管理技术培训。

（6）职业道德培训。

（三）思维意识培训

思维意识的培训主要是培训员工的观念意识，使之更好地为企业发展服务，一般有以下几方面。

（1）精品意识。

（2）创新意识。

（3）公关意识。

（4）终身学习意识。

三、人力资源培训开发的基本保障

人力资源培训的基本保障主要包括以下六个方面的内容：

（一）高层管理者的支持

人力资源培训与开发之所以获得高层管理者对支持主要是出于以下两点的考虑：

（1）高层管理者的批准与认可是开发培训的前提。

（2）离开高层管理者对人力资源管理人员的资金和人员支持，培训开发活动不可能进行。

（二）人力资源培训机构的设置

人力资源培训机构是企业进行培训开发的前提，如果没有培训机构和人员，企业的人力资源和培训开发就无从谈起。企业在人力资源培训开发过程中，需要人力资源培训部门对培训的规模、活动场所、时间以及师资配备等进行设置，保证培训活动的顺利开展。此外，在培训机构合理确定目标，保证培训目的的实现。

（三）高品质的培训师资

培训师负责在培训过程中，对参加培训的员工进行心理辅导和技能提高是在培训中扮演了重要的角色。在培训过程中，培训师是企业培训文化和内容的直接传递着，他们培训水平的好坏、表达能力的高低直接关系着企业培训的最终效果。高水平的培训讲师不仅可以有效地提高员工的工作技能和知识储备，还可以有效的帮助员工树立正确的人生观和价值观，促进工作培训内容向实际工作成果的转化。

（四）充足的培训经费

任何活动都离不开经费的支持，如果没有充足的经费作为保障培训工作就难以正常的开展，或者出现半途而废、因陋就简、顾此失彼等现象。因此，企业在对确定员工培训计划，正式开始培训之前应该对活动经费进行精确地预算，既要保证培训的顺利完成，又要避免浪费，增加企业成本。

（五）齐备的培训设备设施

培训设施也是保证培训顺利进行、增强培训效果的重要因素。培训设备包括黑板、幻灯、投影仪、电视、网络传递系统、案例分析场所、教学实验基地等。设备能够使培训是的指导和讲解更加直观、更生动，这种变化可以保证接受培训的员工保持对培训的兴趣，增强培训的效果。

（六）完整的培训工作记录

人力资源培训与开发的过程不仅仅对企业具有十分重要的作用，从另一方面说它也是企业员工进行知识总结和技能提高的重要途径。企业作为培训的组织者，会从每次的培训当中积累经验，这些经验不仅仅使下一次的培训在程序上更科学，还可以使培训的内容有一个针对性的提高。企业通过培训获得的这些好处，都要归功于认真、完整、准确地做好每一期的培训记录。

第三节 互联网信息时代的人力资源招聘

随着现代科学技术的发展，信息时代的到来，计算机技术和互联网得到了迅速发展，网络招聘的应用日益普及。一方面，求职者不再满足于传统的招聘渠道，转而大量的使用网络这种新的、更为广泛的求职渠道，发布求职信息和提出求职申请。另一方面，越来越多的企业利用网络进行招聘人才活动。企业认为，网络作为一种现代沟通方式，对现代人有很强的吸引力，在网络上可以找到适合自己企业发展的大量优秀人才。一项调查显示，60%的人事经理认为网络招聘是一种有效的招募手段。有些企业甚至认为，应聘者能否从网上看到企业的招聘信息，并找到企业主页，就是考察应聘者能力的一个隐形标准。可见，网络招聘已经成为人才招聘的一种重要途径。

不可否认，互联网由于其所独具的"全球性、交互性和实时性"的特点，已成为迄今为止最有效的广泛传播人力资源信息的途径。电子化招聘是网络技术在人力资源管理中普及最快的领域。

一、网络招聘及其优势

网络招聘是利用企业网站完成与招聘相关的一系列活动，它是网络技术在人力资源管理中应用最快的领域。网络招聘可分为高级和初级两种形式。高级网络招聘的实质是企业在网站上发布招聘信息，并通过电子邮件或简历库收集应聘信息，利用软件测试考察应聘者。初级网络招聘是指企业在网上发布招聘信息，但鼓励应聘者通过传统渠道应聘。和其他招聘方式相比，网络招聘的优势显而易见，主要表现在下列方面。

（1）网络招聘可以极大地拓展求职者的来源。求职者不受地域限制，在全球范围内都可以通过网络渠道获得招聘信息和发出求职申请，这样，人才选择面广。

（2）网络招聘能节省经费。传统招聘活动的费用包括招聘信息发布费用、招募费用、选拔费用、安置费、招聘人员差旅费、交通费、招待费等。网络招聘可以节省和减少不必要的开支。如节省了招聘人员差旅费、交通费和招待费，降低信息发布和招募的费用，实现了网络招聘的经济性。

（3）网络招聘简化了招聘管理的流程，具有快捷性。在采用网络技术后，工作职位发布、简历传送和初选等变得更加简单方便，同时网络技术应用提高了反馈、处理和录用的效率。

（4）网络招聘过程具有隐蔽性。网上人力资源争夺战是一种没有硝烟的战争，因其隐蔽而具有更大的杀伤力，企业可以收集到成千上万份个人简历，作为企业的人力资源储备。

（5）网络招聘具有灵活性。招聘者不受工作日和时间的限制，可以每天 24 小时不间断发布招聘信息，应聘者也可以随时随地与招聘企业联络，双方的交流与沟通不会因时间和空间的阻隔而受影响。

二、网络招聘的现状

2021 年是十四五的开局之年，伴随中国经济转型升级与高质量发展，中国人才发展也紧跟时代要求。在保障人才就业数量和提高人才就业质量方面，国务院、人社部等中央机关出台相关政策，积极推进人才就业，把就业指标作为宏观调控取向调整的依据；着力深化技能人才培养体制机制改革，提升人才质量。同时，人社部出台《网络招聘服务管理规定》，规范了招聘平台相关服务事项，为网络招聘行业正向积极发展种下了规范化的种子。

2020 年，中国网络招聘市场规模为 108 亿，与 2019 年基本持平。这主要是受到 2020 年上半年新冠疫情的影响，部分企业缩减人才招聘需求，导致网络招聘平台企业雇主下降。随着下半年经济的快速恢复，企业也恢复了相关人才需求，招聘平台配合相关部门与企业雇主开展招聘活动，拉动了市场规模的增长，因此全年收入持平。从上市企业营收占比来看，上市企业营收占 50%，与非上市企业营收基本持平。现阶段，综合招聘平台前程无忧营收占比超过行业 1/3，但随着招聘平台的差异化竞争与平台对企业雇主的争夺，未来行业集中度会略有下降，平台间可能会呈现多方平衡的态势。因此，招聘市场规模未来发展也呈现出较高的增长趋势。

近年来，网络招聘平台始终探索 AI 技术在招聘平台的应用，新冠疫情导致的居家隔离、居家办公等行为加速了 AI 技术对招聘平台的赋能，有效解决疫情期间求职者无接触求职的问题。招聘平台围绕 AI 技术开展直播面试、视频面试、线上招聘会等活动，将线下招聘活动转移至线上，加速实现技术对产品的赋能。同时，各大招聘平台配合国家多部门开展招聘活动，为社招及校招人群提供便利的招聘渠道，对于解决 2020 年疫情期间就业问题起到了极大的帮助。各大招聘平台的技术赋能与招聘活动为平台竞争发展起到了催化作用。

网络招聘行业的发展从一定程度上能够反映出国家行业的发展动向，经历了近 20 年的发展，网络招聘平台仍然秉持综合招聘的模式，同时不断探索新的竞争格局。

目前，形成了招聘综合化、招聘领域化和招聘渠道化的竞争格局。综合化的平台涉及行业广，更偏向白领招聘。垂直类平台目前更多的是集中在零工领域、社交招聘领域，这一层面的平台种类多，数量多，但平台之间差异相对较大。

新兴招聘渠道则包括了众多依托公众号建立的小规模平台、行业人才直招和大厂直招等。这层面的平台可能会分散一些专业招聘平台的用户流量，但整体而言，招聘平台提供的人才求职与发展的服务会更加专业。

在未来的发展趋势上，招聘网站主要表现在以下两个方面。

（1）平台方的重心在于提升匹配效率和人员交付能力，具体而言：深耕垂直领域，依托大数据筛选精准匹配人才，提升匹配效率。在提升人员交付能力上，针对岗位特点，制定严格标准化的招聘、绩效反馈与考评机制，保证灵活就业人员的能力素质胜任工作岗位；在此基础上，平台方可与企业建立深入合作，精准把握企业的人才需求，制定专门的保险、薪资机制，更好地激励就业者提高工作表现；加强对灵活就业人员的培训，挖掘潜在人才，针对自身能力较低的灵活就业人员，平台可以通过网课以及集中培训、考核帮助他们掌握多种技能；针对有基础、有潜力、有意向的就业者，为其提供专业化培训，助力其胜任中高岗位，提升就业者竞争力。

（2）在深耕招聘的基础上，网络招聘平台应在人力资源服务生态内拓展商业模式，探寻更多可能。在就业结构变革日益加速的背景下，平台可依托行业经验积累与资源优势，重点关注企业职工生涯指导培训、转职等潜力业务，使企业和劳动者更好地应对和拥抱变化，为企业员工提供职业支持。另外网络招聘平台可以延伸布局招聘管理系统为雇主企业提供 SaaS 服务，通过汇总招聘需求和整合招聘渠道，将期望人才画像与人才池进行比对，筛选有效简历，通过自动化招聘流程协作完成从筛选、面试、录用一体化运作，于平台而言可以与核心业务形成协同效应，于企业而言将提升招聘管理效能，于求职者而言能够优化其应聘和入职体验。

（3）提升效率，优化体验，为求职者提供全链路闭环服务。求职者对于网络招聘平台的基本诉求即信息搜寻+简历制作与投递+邀约面试+面试反馈，为了提升求职者的求职体验，平台首先应加强对企业资质和发布岗位的审查与监管，保障平台招聘信息的真实性；其次结合用户的求职意愿、能力模型以及企业的人才需求画像，为求职者精准推荐职位，另外在简历投递和面试后实时更新进度并给予反馈；在此基础上，平台也应从求职者的职业生涯周期的视角，为求职者提供从求职到职业提升，再到晋升跳槽的全链路闭环服务，对用户进行精细化运营，提升用户黏性；最后在平台治理上，利用科技手段对用户信息进行加密，保护用户隐私。

总之，中国互联网的发展给了人才招聘网站一个非同寻常的发展机遇。当其他网站忙着吸纳国外风险投资并可能需要奋斗数年才能盈利时，人才网站已建立了切实可行的收入模式并开始得到回报。虽然这种模式离成熟稳定还有一定的距离，但是我们有理由相信，随着国内人才市场的不断开放，相关网站的经营模式的不断成熟，人才招聘网站将在日后的人才市场上发挥越来越重要的作用。

三、网络招聘实施的关键环节

网络招聘的实施因行业、地区不同，招聘方式也有差异。IT业、金融业、高科技产业及欧美国家的企业多采用高级网络招聘，传统产业及亚洲的企业多采用初级网络招聘。实施网络招聘，确保网络招聘顺利实施的关键之处，主要有以下三个环节。

1. 建设网站，吸引人才

实施网络招聘，也必须建立一个不断更新的、一流的企业网站，网站应该成为一个企业与人才之间交流的窗口，一个互动的平台，要在网站上发布具有吸引力的详细的企业招聘广告，并鼓励员工将招聘广告以电子邮件的形式发给自己的朋友，借此吸引求职者。在网站设立专门的招聘网页，用于公布职位的空缺信息，提供企业的联系方式，或是在网上设有应聘登记表，求职者可以在网上直接应聘。还可以在网页上介绍企业的人力资源政策，例如，惠普企业的招聘页上就提供了企业详细的福利政策，包括提供哪些福利项目，生效时间，具体实施方法，员工有哪些选择权等，便于更广泛的吸引求职者。

2. 进行人才筛选

当网上发布招聘信息后，企业网站可能收到大量的应聘材料，企业需要选用合适的能自动分析、处理应聘者初步信息的软件，并对应聘者进行网上测试和筛选。企业可以利用电脑软件直接询问应聘者的工作经历和工作习惯，对应聘者进行心理测试，即时计分评估，申请者可以立即知道自己是否达到企业要求，避免不符合条件人员进入面试环节。

3. 联系人才，达成协议

一旦确认了合适的申请人，必须安排一位具有亲和力的管理人员尽快与其取得联系。有专家认为，如果不能在24小时内得到优秀人才，就将失去他。也就是说在网上初选后，必须重视网下的人性化的服务，进行面对面的交流，争取尽快达成协议。

思科企业的网站已成为强有力的招聘工具。应聘者可以通过关键词，检索与自己的才能相匹配的空缺职位，也可以发送简历或利用思科企业的简历创建器在网上制作一份简历。最重要的是，该网站会让应聘者和其企业内部的一位志愿者结成"朋友"。这位朋友会告诉应聘者有关思科企业的情况，把应聘者介绍给适当的人，带应聘者完成应聘程序。但是，思科企业网站真正的威力，不在于它让求职者行事更快捷，而在于它把企业推介给那些满足于现职、从未想过在思科工作的人。因此，该企业在这种人才经常光顾的地方宣传其网站。比如说，思科企业已和 Dilbert 企业（www.dilbert.com）网页链接，这是摆脱工作桎梏的程序设计人员最钟爱的网页。思科企业不断提出该网站访问者的报告，并据此调整其战略。比如说，企业了解到大多数访问者来自太平洋时区，时间在上午 10 点到下午 2 点之间。他们得到的结论是许多人在该企业办公时间寻觅工作机会。为此，思科企业正在开发一种软件，以方便这些偷偷摸摸找工作的人。这种软件让用户点击下拉菜单，回答问题，并在 10 分钟内介绍个人概况。它甚至还能替他们打掩护。如果上司正好走过，用户只需点击一下按键就能激活伪装屏幕，把屏幕内容转换成"送给上司和同事的礼品单"或"杰出员工的 7 种好习惯"等。

四、网络招聘的方式和应该注意的问题

（一）网络招聘方式

网络招聘主要有几种方式；利用企业主页发布招聘信息，或与人才网站合作，将部分招聘工作外包出去，包括中华英才网，招聘网以及 51job 在内的多家招聘网站，都提供这种服务。对于在中国的产品和职业市场上已经树立了品牌形象的企业而言，他们有条件在自己的网页上开展人才招聘。调查显示，63.9% 的大学生将在毕业后去外企企业工作，最受他们青睐的雇主有宝洁、微软、IBM、摩托罗拉和可口可乐等。但对于一些中小型企业，特别是企业品牌的知名度不高，主页的浏览量不够大的情况下，首选与知名网站合作。合作的方式主要有租用简历库和招聘外包。

（1）租用简历库。这是知名度不高的中小型企业与招聘网站合作的最普遍、最经济实用的网络招聘方式。对于一些 IT 行业的企业来说，更适合在网络招聘员工，作为这类企业的招聘候选人，对网络比较熟悉，容易接受这种招聘方式，同时大多数企业利用网络招聘建立自己的简历库，通过数据库，对企业的中期或长期的人员替代做出规划，以及进行人员后备力

量的储备和补充，并随时发现企业急需的人才。企业与知名的招聘网站合作完全可以承担企业一般的人员流动，对于企业发展所需要的人员补充也应付自如，如果从成本方面考虑，企业不进行大规模的员工招聘，而仅仅为两三个职位空缺去参加一个招聘会，极不划算。

（2）校园招聘外包。校园招聘在企业一年的人事活动中占有重要的地位。即使像 IBM 这样的大型跨国企业也不例外，IBM 北京企业的人力资源部只有 3 名员工，要在短短三四个月间走访北京 5 所大学，从应届毕业生中为 IBM 北京企业挑选 100 人，工作量实在太大，因此他们选择了与招聘网站合作，将校园招聘外包出去，招聘网站负责招聘前的宣传以及 IBM 企业最终面试前的所有工作。IBM 北京企业的人力资源部只是两三个人负责协调，缓解了人力资源部门的工作压力。首先，招聘网站进行所有前期的宣传工作，包括在网上发布广告，以及在校内张贴海报等，同时，应聘者要根据 IBM 企业专门的形式在网上填写简历，然后发送到 IBM 企业的专用简历库中，这种方式使得企业将宣传与简历收集分开进行，可以让应聘者更清晰的接受 IBM 企业的招聘信息，避免混乱情况的发生。通过电脑对收集到的资料按数据库字段进行第一轮的筛选，再由招聘网站负责这次招聘的人员进行第二次筛选，接下来，由招聘网站出面组织笔试，题目则由 IBM 企业负责制定，笔试后的第一轮面试由招聘网站负责，之后 IBM 企业再做最终的面试。

（二）网络招聘应注意的问题

（1）网络招聘信息的真实度较低，成效不大。一方面，由于网上发送材料简单、快捷，会造成网站虚假繁荣，影响人力资源管理部门的判断，一些应聘者没有诚意，会干扰招聘工作。另一方面，网站提供的职位较单一，对招聘单位缺乏审核，一些企业为了储备人才简历，对于过时的信息不进行及时更换，网络存在的虚假招聘打击了求职者利用网络的积极性。因此，应及时更换新的信息，提供准确的空缺职位情况，同时要求应聘者提供较为详细的个人资料。

（2）招聘信息鱼龙混杂。互联网招聘平台出于对"简单快捷"的追求，在信息填写和简历排版上严格规定了限定的字数和模板。一方面，企业方在发布招聘信息时只能以最简洁的方式列出内容及岗位要求。由于传达的信息量有限，求职者难以全面了解岗位内容，甚至"误解"招聘信息。另一方面，求职者在互联网招聘平台规定的字数和模板下难以充分展示出自己的特征及特长，这在一定程度上会影响求职的成功率。在移动互联网求职平台准入门槛较低，求职者只需一个手机号码便可成功注册，其信息的真实性无法得到有效保障。同时，企业在移动互联网招聘平台上面的注册开通虽然有一定的规范，如大多知名企业经过系统认证。但事实表明，认证的企业同样存在信息不对称、不真实的风险，信息的真实性仍缺乏规章制度的监管约束，招聘平台的用户隐私保护仍然属于法律的"灰色地带"。甚至有虚假企业发布虚假招聘信息，进而获取求职者的信息进行诈骗或者广告骚扰。

（3）互联网招聘平台同质化严重。目前，我国大多数招聘平台和招聘的 APP 存在着严重的同质化问题。招聘模式缺乏创新性，各招聘 APP 和服务平台为了争夺客源出现恶性竞争局面。比如岗位资讯免费发布查询、候选人简历信息免费下载等业务，造成求职者个人信息泄露，侵犯了求职者的隐私权。

第四节　互联网背景下的员工培训

互联网让知识的更新速度越来越快，越是先进、流行、新颖的知识，生命周期就越短。作为网络经济时代的企业必须成为"学习型组织"，通过持续不断的培训，提高员工整体素质，增强企业竞争实力。电子化培训与电子商务相伴而生，这无疑将成为未来企业开展培训活动的主要方式。电子化培训，顾名思义，就是通过网络这一交互式的信息传播媒体实现培训过程。与让员工在某一时间集中参加在某一地点统一受训的传统方式不同的是，电子化培训是把信息送到员工面前，而传统的培训方式则把员工送到信息面前。两者的差别是显而易见的。

一、利用互联网技术进行培训需求分析

培训需求分析是企业开展员工培训活动的依据和基础，能客观了解员工对培训组织方式、培训内容、培训方法、培训结果等的意见和建议，能帮助企业对所有培训对象的工作绩效状况、工作能力与技能有一个宏观的了解，为员工培训计划、培训方案和培训实施等工作奠定基础。企业目前的培训需求分析缺失，同时与互联网背景脱节，这就要求企业首先要重视培训需求分析工作，同时还要结合互联网的时代特征进行。

（一）完善培训需求体系

企业的员工培训需求分析要基于目标设定理论，遵循 SMART 原则，更好地满足员工的培训需求，激发员工的学习积极性。具体来说，企业可以从培训前期准备工作、

培训需求调查计划、培训需求实施调查、分析培训需求结果等方面进行。培训前期的准备工作，主要包括建立健全员工档案、发挥团队精神加强部门之间的协作沟通、向上级领导如实汇报情况、准备培训需求调查工作等。然后，围绕培训需求调查工作目标、行动计划、调查方法、调查内容等制定培训需求调查计划，指导培训需求调查的具体执行。接着，实施具体的培训需求调查，全面了解员工工作情况，分析工作中的不足，重点了解员工自身对培训的需求、期望等，汇总培训需求意见，形成培训需求调查分析报告。通过全面、客观的员工培训需求分析，提高企业员工培训的针对性，降低培训成本，提升培训效果。此外，企业应制定与企业发展战略相匹配的中长期员工培训计划和年度计划，分岗位和层次明确培训对象、培训内容、培训时间和培训方式等，确保员工培训工作有条不紊开展，避免培训工作的随意性和无目标性。

（二）培训需求分析中充分运用互联网技术

培训需求分析的方法很多，例如访谈法、问卷调查法、头脑风暴法、绩效分析法等，无论使用何种方法，在互联网背景下均可以运用互联网技术来辅助工作的开展，提高培训需求分析工作中的科学性和准确性。尤其要重视网络调查工具，充分应用网络调查工具来调查员工的培训需求，充分借助大数据进行分析，运用互联网工具统计的数据说话，提高培训需求调查的针对性和有效性。例如，在调查员工个人培训需求时，可以利用微信平台开展，也可以通过 APP 小程序开展，让员工通过手机就可以随时提交个人的培训需求意见；在分析员工个人信息如学历、年龄、工作年限等时，可借助大数据分析，快速掌握企业人力资源结构的基本特征，为提出有针对性的培训课程等奠定基础；培训需求调查结束后，在结果分析、撰写报告时也可以运用互联网技术进行汇总分析，例如利用调查工具的后台直接出具分析结果，因为相关系统、程序开发后本身就具备自动分析功能。

二、利用网络学习平台构建网络学院，创新培训方式

互联网的迅速发展及资本追逐的风口效应衍生出很多为企业提供培训

管理服务的平台，为企业员工培训提供了更好的选择。通过 Edusoho、魔学院等培训管理服务功能结合微信、微博、QQ 等线上交流 APP 构建企业线上学习平台，用互联网改变单调的授课模式。网络培训平台的产生给中小企业搭建属于自己的培训平台更多机会，原本投入大，后期维护费用高，中小型企业无力承担，比如首钢的 e-learning 系统。后期网络培训管理平台产生，费用低廉，易于维护。同时，线下培训依旧需要，企业事转企后依旧是国企，其员工政治面貌大多都是中共党员。由中共中央办公厅印发的《2019－2023 年全国党员教育培训工作规划》明确要求，从 2019 年开始，用 5 年时间，有计划分层次高质量开展党员教育培训，把全体党员普遍轮训一遍，由于思想政治、创新理论教育的特殊性，理论知识和意识形态教育依旧需要线下来开展。

（一）利用网络学习平台，构建网络学院

在培训需求大、知识更新快、专业性和一致性要求高的新形势面前，企业应顺势而为，以互联网技术为基础，探索建设一个集中管理、分级应用的网络学习平台，为企业员工提供个性化学习服务，也为各级管理人员提供不同程度、不同维度的管理服务，构建网络学院，开展对员工的系统培训工作。网络学院的培训内容，通过"岗位（专业）－能力－课程"的逻辑关系，建立员工学习地图，以图形展示岗位晋升路径，配套相关课程，构建统一的标准化课程体系，为员工自主学习提供有效指引，具体可以包括政策法规、经济、管理、计算机、职业道德等，实现"员工缺什么，培训就教什么"。培训师资既要引进外部专家和学者，也要从企业内部培养，确保优秀的培训师资力量。培训时间选择上，借助互联网把各类课程带到员工身边，实现 24 小时随时随地的移动学习体验，做到以员工需求为本，打破时间空间的壁垒。具体来说，网络学院可通过发挥网络学习平台的各项功能来实现员工培训方式的创新：第一，资源共享功能。企业的所有培训资源，都可以通过网络学习平台来进行共享，让各个岗位的员工随意选择学习内容，提高学习资源的使用效率。第二，自主学习功能。网络学习平台，可以完全打破时间和空间的限制，充分利用互联网，把学习内容及时、方便、快捷地传输到各个角落，员工随时随地可登录网络学院参加学习，还可以自主选择学习内容，安排学习进度，充分享受网络学习的乐趣。第三，考试管理功能。网络学习平台中，可以开发在线考试的功能，当员工学习完成后，就可以组织考试，对他们的学习情况进行监督，增强培训效果。第四，互动交流功能。网络学习平台具备留言功能，以及实时互动交流平台，让员工可以畅所欲言，探讨工作和学习等问题，实现共同进步。

（二）利用好各类在线工具创新培训方式

首先，建立微信公众平台向员工提供微课。人力资源部门负责培训工作的人员负责平台的维护，及时更新培训信息、介绍培训内容和时间地点，方便员工学习和掌握培训动态。通过在线微课，企业可以把培训内容设置为音频、视频、图片和文字等，让员工自己选择合适的学习形式，同时微信公众平台可以为员工提供学习功能、培训内容查询功能、培训进度查询功能、培训整体情况等服务。其次，组建微信群和 QQ 群开展培训学习。企业可以以企业名义、部门名义，组建多个微信群和 QQ 群，组建多个学习小组，发布不同的学习培训内容、分享工作心得、开展不同的话题讨论，依据学习型组织理论营造多元有序、持续高涨的学习氛围。再次，推动在线视频学习。一些部门员工工作性质特征，学习时间难以统一安排，针对这种情况，企业可以预先下载、制作或购买相关内容的学习视频，借助微信或 APP 手机客户端等进行推送，让员工可以随时随地进行观看学习。在视频学习之后，设置一些培训测试题目，督促学习者认真学习，作为考核考评的参考，增强培训效果。再其次，依托微信红包等方式，鼓励培训有奖问答。在培训过程中，企业可以经常开展培训激励活动，以微信红包的形式开展有奖问答活动，鼓励员工认真参加培训学习、积极回答相关测试问题，创造轻松愉快的学习氛围，激发员工培训热情。最后，引入翻转课堂。企业可以充分利用互联网背景下的新工具和新方法，利用手机、电脑、视频、音频等，灵活调整培训时间，让员工不仅可以通过集中讲授获得学习机会，还可以通过移动互联网等和培训师沟通；员工在参与培训前要自觉查阅和学习相关资料，对培训主题进行了解，同时结合工作实践进行思考，确保与培训师更多的交流与互动，增强员工参与培训的积极性。

三、建立线上线下名师资源库，加强培训师资队伍建设

（一）建立线上线下名师资源库

企业在建立培训体系时，师资建设必不可少。除培养和选拔优秀师资外，还要对师资资格进行审核，培训讲师必须具备良好的师德师风、较强的综合能力、需参加正规学习得到认证之后才能上岗。建立合理的工作激励机制，定期对培训讲师进行包括简历、授课教案、学员反馈等内容在内

的考核，并根据考核评分设定等级给予相应的薪资报酬。在此基础上，构建线上线下名师资源库。一方面，企业可通过购买普通课程、精品课程等用于技能培训等方式，建立线上沟通渠道，便于交流经验和探讨问题，减少脱产培训时间，节省物力、人力或规避时间限制等。另一方面，加强线下培训师资队伍建设，以市里名师自愿为主，吸引当地名师加入企业员工培训队伍，围绕地区发展战略布局、企业企业文化、意识形态教育等开展针对性的线下教育，增强培训效果。总之，企业要吸收"互联网+"的优势，构建线上线下名师资源库，共同推进企业培训事务。

（二）转变培训师的观念和角色

企业要重视对培训师的教育和培训，让他们主动适应互联网背景下的人力资源管理和员工培训工作，积极转变观念、转变角色，进而转变授课方式。新时代的培训师，要秉持"开放、平等、协作、分享"的职业精神，乐于分享交流，系统掌握计算机和互联网相关知识，自觉在培训中融入互联网理念，成为互联网背景下新技能的推广者、新知识的传播者。培训师角色转变方面，企业应让培训师意识到他们已经不是知识的唯一传播者和培训工作的唯一主导者，培训师除了做好传统的培训工作外，还要引导员工掌握获取知识和技能的新方式，熟练运用培训新工具和新渠道；培训师要适应做互联网幕后服务工作，例如平台搭建、信息发布与更新、培训在线测试等，摆正心态，转变角色。

（三）构建培训师储备库

企业要利用互联网的优势，整合内外部培训资源，实现员工培训师资线上线下相结合，打造线上名师、线下高层管理和具体技术人员相结合的培训师储备库。培训师的来源方面，企业一方面可以把企业内部的优秀员工、中高层管理干部、人力资源专业人才作为培训师储备库的重要组成，另一方面，企业还要适当引入优秀的员工培训职业人才，充实培训师队伍，培养属于企业自己的培训讲师。此外，企业还要树立共享、合作理念，与区域内的行业企业、科研机构合作，建立线上培训师共享制度，在节约培训成本的同时获得更多优秀的培训资源。当然，培训师是企业培训活动成败的关键要素，其知识、技能、课程、教具等运用和展现都非常关键，所以企业构建培训师储备库必须做好人才的选拔工作。培训师需要具备良好的教育经历和专业背景，尤其是对投资、资本运作等比较熟悉，掌握的知识和技能与企业主营业务相关；培训师要参加正规培训和考核，考核包括笔试、面试、培训方案制作等环节，择优录用；依据培训师的工作表现，设定等级给予相应的薪资，激发培训师的上进心和竞争意识，确保企业员工培训工作的质量。

（四）努力提升培训师人员素质

互联网背景下，培训师不再是站在讲台上讲授知识就能完成培训任务，除了传统培训师需要具备的基本能力外，例如语言表达能力、现场渲染力、控场应变能力等，培训师还要具备"多专多能"型人才的基本素质。因为在互联网背景下，企业需要的是复合型的人才，这些人才既要能应对专业领域的业务，也要能应对非专业领域的业务，适应市场变化要求，融入互联网发展的浪潮中。这就要求培训师自身也要"多专多能"，掌握广博的专业知识面，具备扎实的文化功底，有丰富的销售和管理经验，掌握计算机及互联网相关知识和技能，这样才能满足新时期企业培训体系的要求，为人才的价值创造必要的条件。

四、利用人工智能技术打造个性化培训课程体系

（一）优化培训内容

企业员工培训内容的选择，需要和企业战略、员工个人实际、市场环境等因素相结合，这样才能满足互联网背景下要求企业、员工双赢的原则。在互联网背景下，企业要基于胜任素质模型理论，在员工培训中高度重视互联网技术、大数据技术、物联网技术等内容和方法的融合。企业的培训内容，第一，要结合企业战略目标进行选择，结合新时代企业发展现状和短期目标、中长期目标，分析企业对员工所要达到的条件和素质，针对员工缺乏的能力、素质和技能制定培训目标与培训内容，为企业战略发展服务。第二，要结合岗位和员工工作绩效情况，围绕投资理财、资本运作、市场营销、财务管理、团队建设和互联网技术等内容，设计培训内容，帮助员工很好地提升自身能力与素质，增强人岗匹配性。第三，企业的培训内容要紧密结合员工的培训需求，充分考虑员工的兴趣爱好、职业生涯规划、对培训的建议和意见等，提供多元化的、能满足不同员工的培训内容，提高员工对培训的兴趣和满意度，最终确保培训的效果。第四，培训内容要遵循新知识与旧知识结合、理论知识与实践知识结合、常规知识与技术知识结合的原则，适应互联网背景下对员工知识面的要求。

（二）重视培训对象相关因素的考量

培训对象的年龄因素方面，70 后、80 后等员工对一些传统文化知识、理论知识比较关注，而 90 后、00 后员工更喜欢关注新知识与新技能，他们对大数据、云计算、互联网等知识比较感兴趣，即使这些知识与工作没有直接的联系。企业在制定培训方案时，在培训方式选择、培训课程制定等方面，就要综合考虑这些因素，区分不同年龄段员工的情况，设计不同的培训课程。性别因素方面，针对员工男女员工比例，以及男性员工和女性员工在价值观、学习模式等方面的差异，综合开发室内培训和户外培训、在线培训和线下培训相结合的课程，重视培训流程设计和培训评估等工作。培训对象的需求因素方面，员工自身在工作和生活中有生理、安全、社会、尊重以及自我实现等基本需求层次，而对于培训他们也是有一定期望的，例如期望培训内容科学合理、期望培训方式适合自己、期望培训评估公平客观等等，所以企业要深入了解员工对培训时间、培训内容、培训方式等情况，了解每一位员工的想法和需求，制定丰富的培训课程。

（三）引入人工智能技术

人工智能时代的到来可以为员工培训与开发工作带来巨大改变，可以极大丰富培训形式，提高培训技术。依据胜任素质模型理论，企业应根据自身实际建立岗位体系和岗位序列，明确各岗位职责，以及不同岗位对员工的要求，通过人工智能技术实现个性化课程设计，应用于企业的技能和专业培训中，围绕员工与企业的学习和员工与企业的绩效两条线，有针对性地对每个员工进行培训需求分析和职业生涯规划，个性化地为员工安排相关领域的专业知识和操作技能培训，自动设计出合理的员工培训方案，为员工摆脱职业瓶颈，最终实现个人、企业、职业生涯规划的共赢。

同时，企业的培训课程，要能全面体现企业的行业特征，例如凸显企业在股权投资、债券投资、证券投资等方面的实力和优势，与企业发展战略和经营目标一致，确保员工通过相应课程体系的学习，能顺应企业发展要求与步伐。同时，企业要把培训课程当作是企业的一个公共资源，一个员工学习培训的工具，避免让其变为某个培训师或者某个部门的资源，与互联网背景下的共享、双赢理念相悖。企业的培训课程，也要充分考虑员工个人成长，结合员工的职业生涯规划、能力和素质现状、工作绩效及提升空间等，设计真正能帮助员工改进工作、提升能力素质的培训课程。培训课程的设计应确保相关课程的交叉式学习和培训，当某项课程培训一段时间后，应交换一门培训课程，让学员有思考和缓冲的时间，为此企业可以采取互动式的培训模式和情景式培训模式，加强培训师与学员的沟通和交流，共同探讨相关工作主题，让员快速进步；构建培训情景，培训课程与工作实践紧密结合，注重学员的培训参与，强化学员的身份和角色意识，有助于学员在课程培训中体验真实的实践活动，提高培训兴趣和对培训工作的满意度。

五、利用大数据分析强化培训效果评估与成果转化

（一）改进培训评估方式

依据柯克帕特里克的四层评估模型，企业的培训评估要重视反应层、学习层、行为层和结果层的评估，确保评估效果，客观评价企业员工培训效果。结合当前企业员工培训评估存在问题，企业首先要注意培训过程中与学员的沟通和互动，以面谈、问卷调查等方式测试学员对培训的反应，例如他们对培训方法选择、培训内容安排以及培训时间选择等方面的看法。然后，培训工作结束后，企业要组织考试、测试等，对员工的受训情况进行客观评估，对比培训前后员工的变化。接着，培训结束三个月后，再组织人力资源部门、客户、同事等，对受训员工进行评价，考察其实际工作与培训内容的结合程度。培训结束一年后，结合企业经营状况变化等情况考察员工工作情况，对培训工作进行系统评估。通过全过程的培训效果评估，完善培训评估流程，得出公正客观的培训评估结论，后企业后续的员工培训工作提供指导和参考。

在互联网背景下，企业要利用信息技术为员工培训评估服务，充分利用大数据技术，对评估制度做实时的健全完善，建立健全多元化参与、实时性评价的反馈机制。例如，委托第三方评估机构进行培训效果的精准评估，或者通过用户自发参与对培训效果的评估和反馈，并使用大数据技术深度挖掘这些信息来进行精准评估；利用PC端的手机终端来填写问卷调查，以提高受训学员在同一时间完成考核的方便；利用后台数据的自动处理系统，实时显示出评价结果；运用测试机在游戏界面进行网络评价，提高学员问卷调查的参与性和积极性；运用网络后台将收集到的大数据进行系统分析，客观分析培训效果，同时指出存在问题并提出解决方案。

（二）结合互联网将培训成果有效转化

员工培训成果能否转化，是员工培训是否成功的重要标志。在互联网

背景下，员工培训成果的转化应充分运用互联网平台的优势，把大数据技术应用到培训成果转化中，推动培训成果转化，提高培训投资收益率，真正把培训内容转化为工作绩效，体现培训的价值。企业可以应用柯氏评估模型，加强与受训者进行沟通交流，在员工培训工作完成之后对培训效果及其员工的工作绩效情况进行评价，检验培训方案的科学性与合理性，对培训内容、培训方法等进行适时调整。企业在开展员工培训评估过程中，可以就不同的培训项目和内容进行在线评价，通过浏览量、留言内容等，获取员工、管理者对培训的收获或疑问等信息，制定员工培训成果转化的方案。员工培训成果转化方案中，要包括教授员工培训成果的转化方法，例如如何把培训知识应用到工作实际中，如何通过电脑、手机等工具进行培训知识的实时转化等，并给予培训成果转化成绩显著的员工奖励，激发员工培训成果转化动机，让大多数员工都能在参加培训后主动把相关知识和技能运用与工作之中，提升工作中绩效。同时，企业要通过微信群、QQ群等网络平台，为员工培训成果转化营造良好的沟通环境，让有经验、有方法的员工分享其转化心得，提高成果转化效率；领导者和管理者要创造条件，提供技术支持和资源支持，支持配合员工之间、部门之间相互探讨交流，共同推进培训成果的转化工作。企业还要建立培训成果转化的反馈机制，人力资源部门及时对相关转化情况进行记录和分析，与相关员工沟通交流，尽可能为他们提供帮助，对转化成果进行控制。

第四章　薪酬、绩效管理信息化

第一节　薪酬与薪酬管理

薪酬作为实现人力资源合理配置的基本手段，在人力资源开发与管理中起着十分重要的作用。薪酬一方面代表着劳动者可以提供的不同劳动能力的数量与质量，反映着劳动力供给方面的基本特征，另一方面代表着用人单位对人力资源需要的种类、数量和程度，反映着劳动力需求方面的特征。薪酬管理也就是要运用薪酬这个人力资源中最重要的经济参数，来引导人力资源向合理的方向流动，充分发挥人力资源的作用，从而实现组织目标的最大化。

一、薪酬

（一）薪酬的构成

1. 工资

工资是薪酬的最基本也是最主要的构成要素，具体来说就是企业支付给员工的较为稳定的经济报酬。工资是由固定工资、计时工资以及计件工资这三种工资共同组成的。

（1）固定工资。固定工资是指组织按照一定的期限（周、月、季、年）支付给员工相对固定数量的经济报酬，固定工资水平的高低与企业的性质和经营效益有直接的联系。

（2）计时工资。计时工资是指组织按照员工的工作时间（通常以小时为单位）支付给员工较为稳定比例的经济报酬。一般来说，及时工资主要应用于兼职性质的工作，比如钟点工。

（3）计件工资。计件工资是指企业根据员工完成的任务多少支付给员工较为稳定比例的金钱。最初计件工资多应用于劳动密集型行业的一线操作岗位，但是随着市场经济的不断成熟，现在越来越多的企业开始采取计件工资（绩效工资）制度来激发员工的工作积极性。

2．奖金

奖金是指由于员工杰出的表现或卓越的贡献，企业支付给员工工资以外的金钱。奖金也是薪酬的一个重要组成部分，并且承担者提高员工对企业的忠诚度和增强其企业文化认同感的重要作用。

3．佣金

佣金是指由于员工完成某项任务（常常以金钱作为基数单位）而获得的一定比例的金钱，可以认为是奖金的一种形式。佣金也可以叫作提成，是在销售领域采用比较普遍的一种薪酬制度。

4．福利

福利是指企业为员工提供的除金钱之外的一切物质待遇。福利可以保持员工工作和生活的愉悦，大部分的福利会为与员工的生活和工作带来一定的便利或者享受。

5．激励因素

激励性因素是指企业为员工提供的、能激励员工为了达成组织目标努力工作的一切事物，激励因素包括物质激励因素和精神激励因素两种。在人力资源管理中，应该将物质激励与精神激励结合起来，充分激发员工的积极性。

（二）薪酬的作用

1．吸引人才

在市场经济条件下，员工参加工作的最根本目的就是获得更好的经济待遇。因此，在这种价值导向下如果企业能够提供较高水平的薪酬无疑会大大增强企业的人才吸引力。但我们应该明白一个关系，高工资并不意味着企业必然会吸引到优秀的人才，但是报酬系统的完备与优秀一定能吸引更多的人才加入企业。

2．留住人才

企业给予员工的工资是对员工个人价值的肯定，如果企业的薪酬系统想要为企业留住和吸引优秀的人才。一般来说，如果员工能够在企业中工作较长的时间，并且工作很努力，企业会给予其较高的薪酬。

3．激励人才

薪酬是一种有效的激励手段，科学的薪酬制度可以促使企业员工更加努力的工作，因为他们不想失去这份待遇不错的工作。检验薪酬系统是否有效运作的一个主要指标是，薪酬管理系统对员工和企业绩效的提升程度，如果企业的报酬系统能让员工报以，那么它促使每个员工自觉地为企业目标努力工作。

4. 满足组织的需要

市场经济条件下，最大限度地获取利益是每个企业都在追求的目标，薪酬水平的提高会增加企业的人力资源成本，减少企业的盈利空间。但是，企业应该看到科学的报酬系统还是一个双赢的利益获取系统，最基本的表现就是企业为员工提供报酬，员工为企业创造效益。

二、薪酬管理

（一）企业薪酬管理的内容

薪酬管理是企业人力资管理的一个重要内容，具体来说薪酬管理就是管理者对员工的薪酬的发放水平、发放标准、组成结构等内容进行设计和调整的过程。薪酬管理的内容有很多，但总结起来主要包括以下四个方面的内容。

1. 确定薪酬管理目标

在组织进行薪酬管理目标之前，制定者应该明确企业的人力资源战略规划及其目标，在其指导之下科学确定薪酬管理的目标。薪酬管理目标的确定应该遵循以下三个原则：

（1）有助于企业稳定员工队伍，吸引优秀人才。

（2）有助于激发员工热情，创造高绩效。

（3）有助于组织目标和个人目标的统一。

2. 选择薪酬政策

薪酬政策，就是管理者根据企业战略管理目标和人力资源管理实际，对薪酬管理系统的目标、任务和手段的选择与组合，简单地说就是企业为实现战略规划目标在薪酬管理上的基本策略。

企业的薪酬政策通常包括以下三个方面的内容：

（1）薪酬成本投入。

（2）工资制度。

（3）工资结构以及工资水平。

3. 制订薪酬计划

简单地说，薪酬计划是企业对薪酬管理所进行的规划，主要内容包括预计薪酬水平、支付结构以及支付方式等。企业的薪酬计划是企业薪酬政策和具体化，可以说薪酬计划是薪酬目标顺利实现的基础。企业在制订薪酬计划时要坚持与企业目标管理相协调以及以增强企业竞争力为目标两个基本原则。

4. 调整薪酬结构

薪酬结构，就是员工之间的薪酬水平以及员工薪酬构成要素之间的构成比例。薪酬结构具体地讲包括以下三个方面的内容：

（1）工资成本在同一岗位不同员工之间的分配；

（2）工资成本在职务和岗位之间的分配；

（3）工资成本在基本工资和浮动工资之间的分配；

（二）影响企业薪酬管理的因素

1. 外在环境因素

（1）我国的相关政策与原则。为了保障广大工薪阶层的根本利益，我国企业员工的工资报酬由国家有关法律进行宏观调控性的调整。概括起来，我国工资报酬制度的基本原则主要有以下几个。

①多劳多得的按劳分配原则。

②坚持在发展生产、提高劳动生产率的基础上，遵循兼顾国家、集体以及个人利益的原则，逐步提高员工的工资报酬水平。

③工资标准的确定和工资的增长，应全面考虑各方面的关系，统筹兼顾，适当安排，以处理好各种差别，增强劳动群众之间的团结，鼓励员工提高技术，促进劳动生产率的不断提高。

④努力做好政治思想工作，坚持精神鼓励与物质奖励相结合的原则。

⑥各企业员工工资的变动应上报各级财政主管部门，以便国家掌握对国家财政收支的宏观调控。

（2）劳动力市场的供求状况。在市场经济条件下，劳动力市场的供求状况直接影响着员工对其报酬的期望。劳动力市场的供求状况是调整劳动力流向，进而调节报酬水平的重要杠杆。由于我国社会主义市场经济体制尚在建立和完善过程中，劳动力市场的发育尚不够完善，劳动力市场的供求状况对企业报酬的影响，目前还不够直接或明显。随着社会主义市场经济体制的最终确立，劳动力市场的供求状况对报酬的影响将会越来越明显。

（3）居民生活水平。企业在制定报酬制度的时候，必须考虑居民的生活水平。虽然企业的收入水平相对较高，但客观上与居民生活水平存在着比较关系，企业把自己的报酬水平确定在什么标准上，以及与社会居民的收入水平、生活水平是什么样的比较关系，是企业管理者在制定报酬制度时需要考虑的因素。

2. 组织内在因素

组织内在因素对企业的薪酬管理具有最直接的影响，例如企业的财务能力、预算控制、薪酬政策、企业规模、企业文化、比较工作价值、竞争力、公平因素等。这些因素直接影响着企业的薪酬水平，特别是影响那些非固定收入水平，如奖金、福利等。

3. 个人因素

每个人都是具有不同于他人的个人特质，年资、绩效、经验、教育程度、发展潜力、个人能力等个人要素的差异对员工的薪酬水平具有很大的影响。

（三）薪酬管理的原则

1. 战略导向原则

战略导向原则强调企业薪酬管理必须从企业战略的角度出发，制定符合企业发展战略的薪酬政策和制度。薪酬管理可以驱动和鞭策那些有利于企业发展战略的因素的成长和提高，同时使那些不利于企业发展战略的因素得到有效的遏制、消退和淘汰。因此，企业在实施薪酬管理时，必须从战略的高度来对哪些因素重要，哪些因素不重要进行分析，通过一定的价值标准，给予这些因素一定的权重，同时确定它们的价值分配即薪酬标准。

2. 激励性原则

薪酬管理的最终目的就是要激发员工的积极性，充分发挥出他们潜能。例如，同样是 10 万元，一种方式是发 4 万元的工资和 6 万元的奖金，另一种方式是发 6 万元的工资和 4 万元的奖金，激励效果完全是不一样的。激励作用原则就是强调企业在实施薪酬管理时必须充分考虑薪酬的激励作用，即薪酬的激励效果，要充分考虑各种影响因素，使薪酬的支付获得最大的激励效果。

3. 公平性原则

行为学家认为，员工会对自己的付出与收获进行比较，甚至与其他人比较。如果他的所得与他的付出不相符合，他的积极性就会被打击。这里所指的公平主要是指同工同酬，不同工不同酬。这句话的意思是指：在企业内部及该行业中，相同资历、相同职务、相同付出应该获得同等报酬；不同资历、不同职务、不同付出应该获得不同报酬。

4. 竞争性原则

企业的薪酬要想能够吸引并保留住人才，就必须保证企业的薪酬水平在市场上具有一定的竞争力，否则企业将无法吸引和留住企业发展所需的战略、关键性人才。

5. 经济性原则

企业在进行的薪酬管理时必须充分考虑企业本身的实际情况，进行成本分析与控制。它主要包括两个方面的含义，短期来看，企业的销售收入扣除各项非人工费用和成本后，要能够支付起企业所有员工的薪酬；从长期来看，企业在支付所有员工的薪酬，即补偿所用非人工费用和成本后，要有盈余，这样才能支撑企业追加和扩大投资，获得企业的可持续发展。

6. 合法性原则

法律是保障整个人类社会正常运转的保障，具有最高的权威性和严肃性，所有的社会活动必须在法律允许的范围内进行。因此，企业的薪酬管理政策要符合国家法律和政策的有关规定，例如遵守《劳动法》中最低工资标准等基本的法律条款，保障薪酬管理的合法性。

第二节 绩效评估与管理

一、绩效评估

（一）绩效的定义

绩效是一个含义广泛的概念，在不同情况下，绩效有不同的含义。从字面上看，"绩"是指业绩，即员工的工作结果；"效"是指效率，即员工的工作过程。

影响绩效的关键因素主要有以下五个方面：

（1）工作本身的目标、计划、资源需求、过程控制等；

（2）工作者本身的态度、工作技能、掌握的知识、IQ、EQ 等；

（3）管理机制，包括计划、组织、指挥、监督、控制、激励、反馈等；

（4）包括流程、协调、组织在内的工作方法；

（5）工作环境，包括文化氛围、自然环境以及工作环境。

其中每一个具体因素和细节都可能对绩效产生很大的影响，控制了这些因素就同时控制了绩效，管理者的管理目标实质上也就是这些影响绩效的因素。

（二）绩效评估的定义

绩效在不同因素影响下会产生不同的变化，这些要素包括时间、空间、工作任务的条件和环境等。因为这些要素自身呈现出了强烈的多样性、多维性与动态性，所以我们对绩效的评估也不能忽视这绩效的这一特点，必须向着多角度、多方位和多层次的方向对绩效评估进行管理。

对于绩效评估，不同的学者有不同的认识，早期的观点主要有以下几种：

（1）对组织中成员的贡献进行排序；

（2）对员工现任职务工作业绩的出色程度以及担任更高一级职务的发展潜力，进行有组织的、定期的并且是尽可能客观的考评；

（3）对员工的个性、资质、习惯和态度以及对组织的相对价值进行有组织的、实事求是地考评，它是考评的程序、规范、方法的总和；

（4）人事管理系统的组成部分，由考核者对被考核者的日常职务行为进行观察、记录，并在事实的基础上，按照一定的目的进行的考评，达到培养、开发和利用组织成员能力的目的；

（5）定期考评和考察个人或工作小组工作业绩的一种正式制度。

从以上观点中我们可以看出，虽然各界的专家和学者对绩效考核的认识并不完全一致，但是他们的认识中大多都包含以下三个观点：

（1）绩效考核是人力资源管理系统的组成部分，它有自己系统的制度规范、和考核方法；

（2）绩效考核是对组织成员在日常工作中所表现的能力、态度和业绩，进行以事实为依据的评价；

（3）绩效考核是从企业经营目标出发对员工工作进行考评，并使考评结果与其他人力资源管理职能相结合，推动企业经营目标的实现。

归纳起来，我们可以看出绩效评估是指考评主体对照工作目标或绩效标准，采用科学的考评方法，评定员工的工作任务完成情况，员工的工作职责履行程度和员工的发展情况，并且将评定结果反馈给员工的过程。

（三）绩效评估的分类

从不同的角度对企业绩效评估来进行分类，可以将绩效评估分为多种不同的类型，主要有：

（1）按评估目的划分。按照评估目的划分我们可以将其可分为例行评估、晋升评估、转正评估、评定职称评估、培训评估、对新员工评估等。

（2）按评估内容划分。按照评估内容划分我们可以将其可分工作态度评估、工作能力评估、工作绩效评估、综合评估等。

（3）按评估时间划分。按照评估时间划分我们可以将绩效评估为定期评估和不定期评估，定期评估又可分为半年期、一年期、二年期、三年期不等。

（4）按评估形式划分。按照评估形式划分我们可以将其分为口头评估与书面评估、直接评估与间接评估、个别评估与集体评估。

（5）按评估主体划分。按照评估主体划分我们可以将其可分为上级评估、自我评估、同事评估、专家评估、下级评估，以及综合以上各种方法的立体评估。

（6）按评估对象划分。按照评估对象划分我们可以将其可分为对员工评估、对干部评估。对干部评估，又可分为对领导干部、中层干部、科技人员的评估。

（7）按评估标准的设计方法划分。可分为绝对标准评估和相对标准评估。所谓绝对标准评估，即按同一尺度去衡量相同职务人员，它可以明确地判断员工是否符合职位要求以及符合的程度。小组内部同类人员相互比较做出评价。它可以确定人员的优劣顺序，但不能准确地把握员工与职位要求之间的符合程度。

（四）企业绩效评估存在的问题

1. 主管方面

企业管理者在实施绩效评估战略的过程中，有时会因为自身主观上的判断失误或是偏见，从而对员工工作的积极性造成影响。有些主管在对员工进行奖励或惩戒时，往往措施委婉，不愿真实地考核。通常情况下，一项评估的曝光频率越高，主管所遭受的压力也越大，会产生很多的困扰。

2. 员工方面

由于主管的偏见，有时会让其手下的员工成为牺牲品。主管的主观成见或是员工在无意间造成的小差错，就会导致绩效评估不真实，产生一定的错误。但就员工本身而言，他们大多数都认为绩效评估过程不够周密，主管难以发现自己自己的优点。因此，在他们看来所获得的中等评价，如"普通""尚可""合乎要求"等，只不过是应付了事、令人泄气的评语。

　　3. 绩效评估标准本身的问题

　　（1）绩效评估很难对团队工作中的个人价值进行评估。在一个相互协作的团队中，取得一项工作的成功是整个团队共同努力的结果。在这种情况下，个人贡献的大小就很难进行评价。例如，一则成功的报纸广告，需要有绘制版面的美工人员，构思文案的文案撰写人，以及设计版面的版面设计人员，他们每个个人所负责的工作不同，因此很难对他们每个人的价值进行评估。

　　（2）绩效评估很难对创意的价值进行评估。例如，在一家专门从事女性服饰销售的企业，最近对货架陈设重新进行了整理，并且新增了店头广告，这一项创意性的工作由分管销售的副经理负责；同时，该店还新聘请了一批营业员并由人力资源部对她们进行了专业的培训，结果本月的销售额大幅上升。我们很难评估，这一绩效哪些源自销售副经理的创意性工作，哪些源自营业员服务水平的提高。

　　（3）绩效评估的标准往往会忽略那些不可抗力的因素。即使两个员工是在同样努力地进行工作，但是他们也会因为种种不可抗力因素的影响导致绩效的截然不同。例如，对机床操作工绩效评估的标准是他生产产品的数量和合格率，水平相似的两个工人，如果一人的机床经常出现故障，那么两个人的工作绩效就会出现很大的差别。

　　除此之外，绩效评估本身还存在很多的问题，导致组织内的员工对绩效评估有排斥的心理。绩效评估在实际工作的实施过程中会遭受种种阻力，因此我们要找到能够突破这种阻力的对策，减少绩效评估在实行过程中出现的错误，从而顺利实现组织的预定目标。

二、绩效管理

（一）绩效管理的定义

对于绩效管理的定义，可以从以下几个方面进行把握：

　　（1）绩效管理实际上是一个完整的系统，它包括绩效的界定、绩效的衡量以及绩效信息的反馈三个过程。有效的绩效管理系统首先要明确对组织目标的实现具有至关重要意义的绩效内容；其次还要通过绩效评价对员工的各个方面的绩效进行衡量；最后要通过绩效反馈将最终的绩效评价信息反馈给企业员工，使员工能够根据组织的目标不断提高自己的工作业绩。

（2）绩效管理的过程，实际上也就是组织与员工不断进行沟通的过程。通过彼此间的交流与沟通，员工能明确组织的发展目标，最后双方在业绩的要求上达成共识，从而保证员工的工作过程以及工作结果始终与组织目标相一致。

（3）绩效管理是将员工的工作活动与组织目标联系在一起的过程。组织的绩效最终要通过员工的绩效来实现，而员工的绩效又必须在组织目标这一整体框架内进行评价，并且评价的内容和标准都要以组织目标为依据。提高员工工作绩效的根本目的是保证组织目标的顺利实现。

（二）绩效管理的特点

绩效管理具有系统性、可控性和联结性三个方面的特点，具体表现为：

1. 绩效管理的系统性

绩效管理实际上是一个完整的系统性工作，它不仅包括了工作绩效的界定、衡量，还包括了绩效信息的反馈，这三个过程缺一不可完。保证绩效管理的系统性需要注意三个方面的问题：

（1）要明确对组织目标的实现具有至关重要意义的绩效内容；

（2）通过绩效评价对员工的各个方面的绩效进行衡量；

（3）通过绩效反馈将最终的绩效评价信息反馈给企业员工，使员工能够根据组织的目标不断提高自己的工作业绩。

2. 绩效管理的可控性

绩效管理不是一个单向的活动，它需要组织与员工不断进行沟通与交流，单纯的"命令"和"执行"难以保证整个绩效管理过程的顺利进行。在绩效管理的过程中，通过彼此间的交流与沟通，员工可以明确的知晓组织的发展目标，并且双方会在业绩要求上达成共识，从而保证员工的工作过程可控性以及工作结果与组织目标的一致性。

3. 绩效管理的联结性

绩效管理将员工的工作方式、工作态度以及组织目标紧紧地联系在一起，这个不仅是员工工作改善的过程，也是企业目标的细化过程。组织的绩效最终要通过员工的绩效来实现，而员工的绩效又必须在组织目标这一整体框架内进行评价，并且评价的内容和标准都要以组织目标为依据，他们的是相互依存、相互促进的整体和部分。

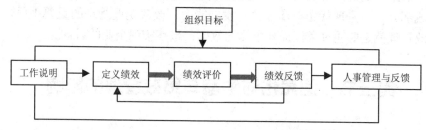

图 6-1　绩效管理系统模型

（三）绩效管理的意义

1．企业战略落实的载体

与员工绩效直接挂钩的是员工的工作态度和工作方式，绩效管理通过为每个员工制定切实可行的绩效目标，可以将企业战略、企业与人合为一体。企业在绩效目标的制定上应当注意自上而下的制定和程序，也就是说企业的战略通过绩效目标的制定层层下传。

2．构建、强化企业文化的工具

企业文化是企业极为重要的无形资产，它深刻地影响着企业产品在销售市场上的形象和口碑。现代经济条件下，很多企业都在努力构建自己的企业文化，但大部分企业对这一概念的认识并不深入，只是停留在几句象征性的宣传口号上。企业文化的核心就是企业经营的价值准则，体现在企业生产和管理的各个方面，而绩效管理在企业价值观的传递过程中扮演的正是"中间人"的角色，具有强化和构建的作用。

3．员工进步的助推器

绩效管理具有极为积极的推动作用，它促使管理者对员工进行指导、培养和激励，提高员工的工作能力和专业水平，进而改善和提高自己的绩效。绩效管理对员工进步的推动作用主要表现在三个方面：

（1）企业通过绩效管理，可以清晰地发现员工之间的差距，并促使其寻找造成这种差距的内在原因，进而使员工充分发挥自己的长处，在工作中不断进步。

（2）企业通过绩效管理，使员工持续改进工作绩效。

（3）企业通过绩效管理，可以增强各级管理者之间、管理者和员工之间的交流和沟通，从而树立起员工的团队意识增，强企业凝聚力。

通过上面的描述我们可以看出，绩效管理不仅是人力资源管理的重要组成部分，更是现代企业增强自身发展能力，改善企业管理的重要手段。绩效管理就是要通过考核提高个体的效率，最终实现企业的目标。

第三节　信息化对薪酬与绩效管理的影响

一、信息化对薪酬管理的影响

薪酬信息化的优势凸显，极大提高了人力资源管理从业者的工作效率，并为企业信息化管理水平的提升起到了重要作用。

（一）薪酬系统是人力资源系统成功实施的重要保障

薪酬系统与每位员工息息相关，也是与员工黏性最高的系统。对于中国国企这类大型企业来说，一旦薪酬子系统上线，员工可通过移动端查询工资，并推动人力资源系统进入全员使用阶段，用户数量将呈现几十倍增长的态势。薪酬功能势必将成为整个人力资源系统的助推器，不仅可以提升人员基础数据质量，还能提高全员的信息化应用水平，促进企业财务、物资、设备等统建系统的应用。

在薪酬系统建立完善后，围绕人力资源管理的相关业务，例如招聘、测评、考核等都可以作为"卫星系统"进行集成应用、互相促进。

（二）薪酬管理信息化实现了对薪酬规范管理的目的

薪酬信息化的制度基础是企业薪酬管理制度，薪酬项目的设立来源于薪酬管理制度。工资发放单将人员的在岗状态、所在机构、岗位等级、职务级别、工龄、专业技术职务、考勤、绩效考核结果、社保参保状态、享受的福利类别、个人所得税等都涵盖其中。薪酬管理信息化有利于固化业务流程，规范管理行为，建立薪酬数据的唯一来源，为财务管理、项目管理等信息系统提供主数据，成为薪酬支付、人力成本分析的主要依据。

（三）建立了大数据系统，为薪酬分析提供了便捷工具

薪酬信息化，每位员工都能清楚查询自己的收入数据，薪酬管理人员可以随时查询某位员工某一时间段发放的收入，查询某个机构一段时间内

发放的薪酬数据，为薪酬调查和分析提供了强大的数据支撑。

（四）薪酬管理信息化倒逼人力资源管理水平的提升

薪酬信息化管理系统建设的前提是有完善的组织结构树和人员基本信息。薪酬发放倒逼人力资源系统中人员基本信息的不断完善，例如人员调动需及时办理、职务调整及时更新、权限设置陆续跟进。从宏观角度来看，薪酬管理信息化能够直观反映各层级人员的人均收入，让管理者清晰判断薪酬激励的有效性，及时调整薪酬体系。

（五）提高了人力资源管理工作效率

薪酬信息化实现了从制单到发放、到入账的全流程记录，实时向经办人员发送督办提醒，极大提高了办事效率。系统根据需要，从薪酬数据中取值，自动统计形成了薪酬管理人员和财会人员需要的报表数据，极大减轻了工作量。同时，为社保缴费基数调整提供了便利，系统依据上一年的工资收入，计算出保险基数，可以避免人工统计出现的误差，保证了保险基数、工资数据、财务数据的一致性。

二、信息化对绩效管理的影响

近年来，信息技术对人力资源管理过程和实践产生了深远的影响。信息化对绩效管理的理念、管理方式，管理对象以及管理者的角色等有着不同程度的影响。通过梳理国外相关文献，可知电子化绩效管理优势明显，同时存在一定的局限性。在该种考核方式下，对员工的情感和行为、上下级关系以及考核质量究竟产生何种影响，有待进一步研究。

人力资源管理最关键的目标之一是有效地管理员工绩效，包括评估当前绩效，区分高绩效员工和低绩效员工，并提供反馈给员工。近年来，信息技术在管理过程中得到了广泛应用，国内外各行业都更加关注自身的发展问题，越来越多的组织机构希望通过绩效管理来提升商业效益或工作效率，完善组织管理模式，促进自身发展，进而将传统的绩效考核方式运用到极致。国外考核企业信息化绩效已经有几十年的历史，而我国对该研究起步较晚，关于 e-PM 的有效性研究更是少之又少。因此，进一步研究信息化技术对绩效管理的影响实属必要。本文梳理国外相关文献，从中分析员工对电子化绩效管理反馈的反应、信息化考核如何影响员工与上级之间的关系以及发现信息化考核存在的局限性和未来的改进方向，通过对比国内外相关文献，给国内相关领域进一步研究提供参考，以弥补现有研究空白和提供更好的实践指导。

信息技术主要用于支持绩效管理过程的两大方面：绩效测量和绩效反馈。绩效测量方面，在整个评估期间信息化考核系统可以很方便地跟踪员工绩效，并能够持续记录正式和非正式评价。反馈方面，信息化考核系统整合多源反馈的结果，将结果传送给员工和管理者，并提示管理人员会见员工，讨论他们的绩效和需要改进之处。

企业使用信息化考核系统的主要原因是认为信息技术将简化绩效评估流程，降低成本，减少管理员工绩效所需的时间和精力。但是，尽管信息化考核系统有诸多潜在优势，研究结果显示员工对这些系统的使用持不同的态度。例如，一项研究发现当信息化考核系统取代了传统纸笔工具时，员工认为上级责任感会更强，因此员工也会更加积极地参与工作。然而，同样在这个研究中，员工认为采用无纸化办公后，绩效评估质量却下降了。另外一项研究发现，对于纸张办公和无纸化办公的反应存在差异不在于管理方式，而在于其他因素，例如上级的控制范围和员工完成评价的形式。对绩效考核的个人满意度一直被认为很重要，因为研究发现这直接影响到工作绩效、工作满意度、组织贡献和离职率。

（一）信息化考核反馈的员工反应

一些研究关注员工对信息化考核的反应。例如，研究表明员工更喜欢计算机反馈而不是来自上级的反馈。相比上级传达的反馈，计算机反馈也会带来更低的动力损失和更高的绩效水平。此外，员工往往更相信计算机反馈，因为计算机反馈直接针对的是员工所关注的任务，而上级的反馈带有自己的主观意图。研究也发现寻求反馈的动机也会影响员工对计算机反馈和上级反馈的反应。例如，如果员工获得反馈的动机是达到印象管理，那么计算机反馈会挫伤员工的动力。综合来看，这些研究表明反馈的来源（计算机或上级）会影响员工的动力及对反馈的情感反应，但是计算机反馈和动力之间的关系比较复杂。还需要更多的研究来检验员工的情感和行为反应与计算机反馈之间的联系。

（二）信息化考核对员工与上级关系的影响

围绕信息化考核的另一个问题是它对员工和上级关系的影响。信息化考核的优势之一是管理者可节省测量绩效的时间（收集绩效数据和撰写绩效评估），从而有更多的时间管理绩效，能够进行更频繁的绩效交流。然而，一些研究人员认为，信息化考核并没有增加关于绩效的交流，却导致绩效维度过于简化，降低了评估的准确性，并且发现当信息化考核系统用于自动获取绩效数据时，管理者在评估绩效时更加依赖于计算机数据而不是和下属交流。因此，信息化考核系统似乎实际上是减少而不是增加了上级和下属之间的交流。然而，还需要更多的研究来检验这些争论。

（三）信息化考核的局限性的影响及克服

信息化考核有一系列优势，包括提高效率，节约时间，反馈频繁，并增加对员工发展的关注。然而，在上述分析中也发现，信息化考核也存在以下局限。例如，研究人员表示担心电子化手段可能导致考核质量和准确性的下降。正如任何绩效评价体系，信息化考核系统的数据要符合主客观方面相关和准确的员工绩效指标。在绩效反馈方面，关键问题是员工是否理解计算机的反应机制，是否能够能够识别绩效改进的方向和策略。电子化反馈可能对员工的影响较小，相比面对面反馈，他们不太可能改变他们的行为。因此，信息化考核的使用实际上降低了绩效管理的整体有效性，同样，需要研究，以测试使用电子化手段对绩效管理过程的影响。

鉴于这些局限性，有必要使用新的数字技术来增加沟通的丰富性，并给员工机会清楚绩效反馈的性质。例如，上级可能会使用新的高清晰云版本的虚拟会议和下属交流，以讨论他们的绩效水平。这些方法允许上级在不同地方开展绩效管理会议，同时也给下属机会清楚和了解反馈的性质。此外，内部使用的社交媒体可能被用来帮助上级持续收集绩效数据，并提供更频繁的表扬与反馈。这些新形式的社交媒体也应该提供团队成员.客户的多源反馈的机会，使员工能够不断提高他们的绩效

信息化考核另外一个局限是它可能产生上下级之间的人际距离。例如，当提供电子化反馈时，管理者不与下属见面讨论他们的绩效，因此不太可能引起员工对自己绩效的关注，更不用说引起员工行为的改变。另外，电子反馈使员工不再认为上级是那么可信.可靠。员工的这些态度很重要，因为好的领导－成员关系影响员工的工作满意度，组织公民行为，而这些都是组织成功的关键因素。

因此，组织可能会使用新的互动技术，以减少主管和下属之间的社会距离。例如，他们可能会使用云版本的视频会议和内部社交媒体（企业社交软件、微信、维基、微博、即时通信、聊天室）增加领导者与下属之间

的社会互动。

第四节　薪酬、绩效管理的信息化转变

一、薪酬管理的信息化转变

大数据时代薪酬管理措施有很多，其中比较常见的是完善薪酬管理模式、构建薪酬管理制度、落实公平的绩效考核体系、制定健全的薪酬管理监督结构，详细内容如下：

（一）完善薪酬管理模式

在大数据时代背景下，若想提升企业薪酬管理效率，就要规避企业员工大规模流动的情况，这不但会降低人员流动给团队士气带来的影响，还有助于企业进一步优化薪酬模式。

首先，企业应与员工个人水平以及自身发展状况有机结合，严格遵守企业政策，同时适当向基层工作人员倾斜薪酬，尽量把津贴和奖金等优先给予基层工作人员，并重视工作强度和压力较大或者是条件十分艰苦的基层工作人员，注重他们的薪酬制定标准和薪酬水平，充分展现出薪酬的合理性与公正性。

其次，企业应积极建立福利保险制度，并且在十分合理的奖励基础上增加人员的个人工资。合理的奖励制度可以和奖金与职位分离开来、把奖金的激励效果充分的展示出来。除此之外，企业还要与企业工作人员的具体情况相结合，科学调整奖金的具体数额，调整以后应在奖金的激励过程中，将员工的个人成就感与自豪感全面地体现出来，并大力提高员工的危机感。

最后，建立具有较强弹性的薪酬模式对于企业长足发展非常重要。企业的薪酬管理多半是与个人绩效相结合制定的，此种模式下的奖金和津贴占据着巨大比例，福利与保险占据一小部分。此模式可以将员工工作的主观能动性充分地调动出来，增强员工的工作效率，

（二）构建薪酬管理制度

在大数据时代背景下，合理构建企业人力资源薪酬管理制度非常关键。首先，企业应保证自身薪酬管理机制满足现代企业日后发展需求。企

业的日后发展对企业确定内部管理制度、规范薪酬制度、引入优秀人才等均有着至关重要的作用。因此，企业的薪酬制度还要和企业的日后发展战略相匹配，从而保证企业可以更好做到运营管理。

其次，应与企业未来发展的战略要求和效益获取目标有机结合确定薪酬管理目标，明确日后发展方向，匹配对应的政策以及制度。

最后，全面评估企业的不同岗位和工作职能，与企业运营发展相结合来对薪资等级进行划分。工作岗位及实际职能需求有所差异，所制定的考核体系和工作绩效也要有所不同。如此保证每位员工的权益都合理，并在薪酬的激励过程中使员工更加主动地投身到工作中，提高工作有效性。

（三）落实公平的绩效考核体系

在企业人力资源管理过程中绩效考核为不可缺少的管理方式之一，制定绩效考核制度可以提升企业薪酬制度构建的有效性，进而在确保不同员工自身利益的前提下，增强企业整体薪酬管理实效性、在企业绩效考核制度完善的过程中，企业要做好目标量化工作。把每位员工的应有价值全部发挥出来，与个人的工作情况及能力水平相结合分为多个层次的薪资体系。在该过程中，构建具有较强公平性的绩效考核制度应展现出下述几方面的内容：

首先，在对员工业绩以及个人绩效水平进行评价中，有关部门负责人应将个人评判的公平、公正的特性充分地展现出来，确保员工自身利益的基础上对员工的工作水平进行更加客观且全面的评价。

其次，合理划分企业的绩效管理制度和薪酬管理制度的范围，确保员工可以与具体标准相结合，对个人薪资进行有效计算。

再次，建立更加健全的考核制度，并通过制定完善的绩效考核标准来确保绩效考核制度的可行性与有效性。

最后，在针对不同岗位及员工展开考核工作时，评价标准应充分展现出准确性与合理性，科学构建不同的岗位等级，进而保证每位员工均可在绩效考核以及管理中与相关标准相结合开展对应工作，明确岗位等级、薪酬绩效、岗位职责、工作压力等关系。

（四）制定健全的薪酬管理监督结构

企业要实现健康可持续发展，应与自身发展现状相结合制定长远战略计划。和谐稳定的工作队伍能带来较强的团队执行力，而和谐稳定的工作队伍需要行之有效的薪酬管理制度。行之有效的薪酬管理制度不但可以提升员工的工作热情，还能保证员工的个人毅力，调动员工的主观能动性，这对于企业未来长足发展具有积极作用。

在大数据时代下，薪酬问题十分矛盾，员工尽管在意自身工作，但在生活中不想给人留下在乎钱的模样。为此在企业中，有一些员工并不知道个人工资的计算方法，会计发放多少就是多少。一些员工尽管了解详细的工资计算方式，但在少发工资时，会选择沉默。甚至是薪酬管理制度没有完全落实下去时，害怕自己的行为会给领导带来不好的印象，而继续选择沉默。上述问题的存在推动企业构建更加健全的薪酬管理监管结构，使企业内部员工可以通过有效的途径得到解决，第一时间惩处财务部门工作问题，改善企业风气，端正工作人员的办公态度，进而确保企业员工的自身利益。

二、绩效管理的信息化转变

（一）改进组织结构，适应信息时代

信息时代对数据分析能力的要求很高，所以对于企业而言，要想应用信息技术绩效管理系统就必须储备具备信息专业知识、能研究信息蕴含的特殊技能的信息专业人才。基于管理工作需要，需成立信息处理中心，专门进行信息系统开发、运行、维护工作，并将人员招聘纳入人力资源招聘与配置等工作中。

此外，可以考虑专门成立以信息技术为基础的绩效管理专业团队，配合信息中心对绩效指标设定、组织实施和反馈做工作补充。经济的发展瞬息万变，影响企业生存发展的因素不是一成不变的，为了满足市场的需求，需要不断提升完善新的绩效管理功能实现绩效管理系统的升级，这需要依赖于信息技术专业人才、具备人力资源管理知识专业人才的通力合作。

（二）推动技术创新，适应信息时代

从信息技术方面进行技术创新主要对管理、基础、应用与分析四个层面实现改进与完善：

（1）基础层面：这是信息技术框架的底层，要实现信息技术的应用，企业需要建立一个高度自动化、可横向扩展的存储、计算平台。这个机械化设施需要从以前的存储孤岛发展为具有共享功能的高容量存储池，提升信息和数据处理的能力。

（2）管理层面：既包括数据的存储和管理，也涉及数据的计算。由于并行化和分布式是信息所必须要考虑的要素，因此要深入分析所支持的多数据源，同时还需对信息技术的框架建立平台并管理，这都是非结与结构化数据管理一体机制，且兼有查询、计算和实时传输能力。

（3）分析层面：可提供基于机器学习算法与统计学，利用其解释与分析数据集，并对企业在数据价值领悟方面提供帮助，让其灵活使用，时刻协作且可提供自助服务。

（4）应用层面：信息在企业决策和服务终端用户两方面的帮助上体现了重要价值。此层可为用户提供实施决策，内置预测能力利用数据驱动经济，使数据货币化。

（三）加强员工培训，适应信息时代

基于信息技术的绩效管理在指标设定、考核、评价和反馈方面进行了流程再造，新系统下的绩效管理与旧模式下的绩效管理有明显的差别，为加强员工的认同，保证基于信息绩效管理工作的顺利开展，有必要对员工进行针对性培训。培训主要从以下几方面进行：

1. 信息技术绩效管理系统使用培训

信息技术下的绩效管理系统对于员工来说陌生的。如何使用、维护新的绩效管理系统，利用系统反馈数据运用到工作中是基于信息技术绩效管理工作开展的前提条件。

2. 绩效考核指标、绩效管理流程解读

新绩效考核指标与原有考核指标相比更加与企业战略、企业经营管理目标保持一致。与工作岗位更加匹配，定量性指标增多，定性指标考核方法改变。新系统下的绩效考核指标及量化标准需要对员工一一进行解读，以增加员工对绩效指标的理解，当预警体统发出预警信息时，方便员工通过自查自纠的方式提高个人绩效。针对绩效管理流程方面，员工应该了解绩效考评。以便有问题时及时反馈。

3. 宣导企业的管理理念、解读绩效管理制度

企业的管理理念是企业文化的重要组成部分，文化是一个企业生存和发展的基础和灵魂。制度是实施绩效管理的重要保障，通过宣导企业的管理理念、解读绩效管理制度有利于提高员工对组织的认同感，调动员工积极性进而增强组织凝聚力。

4．针对知识、技能方面培训

根据信息技术绩效管理平台反馈的绩效评价信息，有针对性地对员工开展知识、技能方面的培训，提高与改善员工的工作能力与方法，实现多出、快出和出好人才的良性局面发展。通过知识技术培训缩小员工与岗位职责与要求之间的差距或矛盾，实现员工与工作岗位之间的良性互动与不断成长。

（四）优化管理方式，适应信息时代

基于信息技术的绩效管理作为新事物出现在企业的管理工作中，需要一个被慢慢接受的过程。在新绩效考核指标、新工作实施过程和绩效反馈模式下，员工和管理者都需要通过培训建立属于新系统下的工作流程，形成新的工作习惯，这是一个全员参与、全员革新、全员修正的漫长过程。在推行初期，将会出现层出不穷的问题，企业需要从制度建设、组织结构框架、绩效管理各环节等方面进行不断改进以配合新系统的应用。

信息的绩效管理达到预定的效果是多种因素叠加共同朝着组织目标前进努力才能实现，它不仅仅只是人的管理还对组织结构、组织制度规范、工作流程等等多方面提出更高的要求。基于以上几点的改进工作是保证信息技术下的绩效管理系统落实应用的重要措施，只有这样才能提高员工工作效率和企业的管理水平。

第五章　劳动关系管理信息化

第一节　劳动关系的基本认识

一、劳动关系的含义及特点

（一）劳动关系的含义

劳动关系是指劳动者与用人单位（包括各类企业、个体工商户、事业单位等）在实现劳动过程中建立的社会经济关系。从广义上来讲，生活在城市和农村的任何劳动者与任何性质的用人单位之间因从事劳动而结成的社会关系都属于劳动关系的范畴。维持人类社会得以存在和发展的最基本的社会关系就是劳动关系。在不同的国家和不同的体制之下，劳动关系也被称为"劳资关系""劳工关系""劳雇关系""员工关系""产业关系"等。从我国当下的情况来看，由于劳动力使用一方具有部分国家性质，所以使用"劳动关系"的表述，既可以避免因所有制不同而引起的概念差别，而且可以避免从某种政治态度和立场出发而引起的概念差异。

（二）劳动关系的特点

（1）主体双方具有平等性和隶属性。

（2）劳动法关系具有以国家意志为主导、以当事人意志为主体的特征。

（3）劳动关系的双方当事人，一方是劳动者，另一方一定要是劳动者为之提供劳动的用人单位。

（4）劳动者必须将劳动提供给用人单位。

（5）劳动关系是基于职业的、有偿的劳动而发生的。

（6）管理关系的一方劳动者必须成为另一方用人单位的组织成员，并遵守单位的内部劳动规则。

二、劳动关系的内容和类型

明确劳动关系的内容，认识劳动关系的主要类型，对于我们在人力管理活动中科学管理与调节劳动关系具有重要的意义。

（一）劳动关系管理的内容

劳动关系的内容主要包括员工与用人单位之间在工作时间、休息时间、薪酬福利、劳动安全卫生、劳动纪律与奖惩制度、女员工与未成年人特殊保护、员工培训、社会保险等方面形成的关系。而且，员工与企业之间签订劳动合同、实施、执行、修改的规定，员工与企业之间劳动争议解决的规定等也属于劳动关系的重要组成部分。

（二）劳动关系的类型

根据管理方和劳动者双方力量和权力的对比及政府政策、法律等的影响程度，可以将劳动关系分为以下几种类型。

1. 政府主导型

政府主导型劳动关系是指劳动关系的力量控制在政府的手中，政府决定劳动关系事物。如在计划经济国家、新加坡等较为典型。

2. 均衡型

均衡型劳动关系是指劳动关系双方没有多大的力量悬殊，比起能够相互制衡。均衡型的劳动关系主要表现为：在法律制度相同的情况下，员工及工会有权了解组织内部信息，参与组织的基本生产决策与经营管理。

3. 倾斜型

倾斜型劳动关系是指劳动关系双方力量相差悬殊，出现了向管理方或员工方的倾斜。这种类型具体有两种情况，即向管理方倾斜或向员工方倾斜，在当下世界的经济中，比较普遍的是向管理方倾斜。

第二节　信息化对劳动关系管理的价值

一、数据文件的信息化提升管理效率

（一）简化劳动关系管理的工作流程

劳动关系管理是人力资源管理中的重要一环，在信息技术的支持下和帮助下，劳动关系管理的流程能够得到极大的简化，缩短管理流程，提升

管理效率。

1．有助于建立重要劳动关系管理工作节点提醒

劳动关系管理中的劳动合同管理、劳资纠纷管理等工作流程长，跨度大。如劳动合同管理，从员工入职、合同订立、合同履行过程中的变更（培训、竞业限制约定、工作岗位、薪酬、工作地点等）、合同届满续约、到合同解除或者终止等等，伴随着劳动者在企业的全部过程；再如劳资纠纷管理，从一开始的内部的争议（劳动者对规章制度、薪资结构、加班费等的建议、异议）、到仲裁、一审、二审、再审整个诉讼流程，没有两三年走不完，如果再有管辖异议等程序，时间跨度更长。

在信息化的人力资源管理系统中，将劳动关系管理流程中的一系列文件、数据都可以电子化，一些重要节点的时间可以自动提醒人力资源部门相关工作人员，方便查找、跟进，避免错过重要时间，如劳动合同续签时间、诉讼时效等。

2．有助于减轻人事行政人员手工作业的压力

推行人力资源管理信息化，有助于劳动关系管理工作的便捷。在未推动人力资源管理信息化的企业，人事和行政部工作人员均涉及大量手工作业流程，纸质单据递签；但系统上线后这些流程得到了极大的简化，工作效率也提高了。

3．有助于加快人事行政工作效率

推行人力资源管理信息化，企业可以将人事、行政流程单据在系统上进行签批流转，不受时间、空间限制，极大了提高了流转效率。

4．有助于节约行政成本

推行人力资源管理信息化，企业可以真正实现无纸化办公，有助于节约行政成本。员工通过手机、微信、钉钉提交、审批考勤单据，取消手工填单、扫描、传单、签批，真正意义上的实现无纸化、随时随地移动办公及高效办公，减少了人事、行政的人员投入。

（二）减少了劳动关系管理中的数据分析工作量

1．有助于对大数据进行量化分析，提升效率和优化流程

在企业的劳动关系管理过程中，不免需要对大量的人力资源信息进行集中储存与管理，利用利息化手段进行管理，并与企业其他管理系统进行

集成，在人力资源工作者需要对大量数据进行统计分析时，可以非常的方便，这些数据分析成为实际业务结合的重要依据，让人力资源工作跟企业战略结合。在劳动关系管理工作中，人力资源工作中可利用信息化工具进行员工满意度调查、入职率、离职率、在岗率分析，还可以根据实际需要便捷的设计各种调查问卷，通过信息化工具可以非常便捷的得到员工的反馈，从而为企业的劳动关系管理提供参考和决策依据。

劳动关系管理中还会有大量的数据，在劳动关系管理信息化之前，这些数据很难得到提炼、分析、预测，为人力资源管理决策做支撑。随着这些数据电子化，人力资源管理者可以进行分类、分析，发掘数据本质，改进组织架构、劳动规章制度、薪资结构、劳动合同管理的流程和文件，进而促进劳动者满意度的提升，减少劳动争议。

2. 有助于实现系统化、规范化和集成化的管理

在传统的人力资源管理中，很多劳动关系管理业务流程不太规范、不专业。在工作流程长，跨度大的业务中，以招聘为例，不少企业在招聘新员工时，为了图省事，往往不按照相关流程严格执行，认为招聘的新人如果不合适，大不了让其走人，毕竟人才市场是供过于求。不仅不为应聘者的职业发展着想，同时也不考虑企业为此付出的沉重代价。但是随着新的《劳动合同法》的颁布与实施，如果招聘人员再一意孤行，不严把招聘流程关，将必然会为企业未来的发展带来很大的法律风险。而凭借人力资源管理信息化系统，将不只是招聘流程，包括人力资源规划流程、绩效考核流程、薪资管理流程、培训发展流程等等，都将实现更加系统化、规范化和集成化的管理。

人力资源管理信息化后，劳动关系管理真正进入"量化"管理阶段。基于大数据，了解劳动者工作中存在的问题，准确掌握劳动者需求，建立胜任模型，开展有针对性的培训工作，将劳动者个人发展目标与企业发展目标结合，高效使用绩效激励等管理策略，实现和谐劳动关系。

3. 精简了企业员工相关的人事办理流程

对于企业的员工来讲，人力资源管理信息化的推进简化了一些人事办理流程，包含入职、离职、转正、社保公积金的办理等等。例如离职手续的办理，在传统的管理模式之下，离职手续的办理除需要部门的签批，一般还需要行政、人事、财务、资讯等部门经办人员签字确认，手续办理流程烦琐，到各部门签字确认也很浪费时间；但上线过后，部分流程可以简

化在系统上同步进行，办事效率得到了极大的提高。

二、现代化通信工具提升了沟通效率

信息化促进了更高效的沟通管理，在人力资源管理信息化之前，信息从企业管理者传达到基层员工需要较长时间，中间经历多个层级，容易造成信息失真。纠正在传达过程中背离原意的信息，会给企业带来额外的管理成本和机会成本，甚至导致不必要的损失，还会给员工造成企业管理存在问题的不好印象。人力资源管理信息化后，充分利用企业内部沟通软件、即时通讯软件、微信公众号等，实现企业和员工之间、管理层和员工之间、一对一或者一对多的直接沟通，沟通成本更低但效果更好，避免因沟通不畅造成的劳动关系问题。

一方面，人力资源管理信息化系统有助于及时传递信息。当企业发布信息后，员工可以在上下班路上、在朋友聚会上、在家庭休息时通过人力资源管理系统、即时通讯软件、微信公众号等获取与自身利益相关的信息，并第一时间给出回应、反馈，及时表达自己的意见。

另一方面，准确的传递信息为劳动关系管理带来极大便利。一些劳资纠纷是由于信息不对称、传递准确造成的，当出现意见分歧时，没有及时与员工沟通交流，致使误解越来越深，最终导致劳资关系紧张。企业、管理者与员工及时、准确沟通是消除员工和企业之间误会、分歧的有效方法，而利用信息化系统准确传递信息为劳动关系管理带来极大便利。

三、提升员工培训与健康管理水平

（一）信息化便捷了职业安全培训

在人力资源管理信息化之前，职业安全培训只能将员工组织到一起，在固定空间、时间进行学习，把员工送到信息面前，然而效果并不理想。在信息化的人力资源管理系统中，可以通过网络这一交互式的信息传播媒体实现培训过程。将职业安全培训视频、讨论、考核等培训内容集中到系统中，员工可以随时随地进行学习、讨论，把信息送到员工面前，大大提高了培训的效果，还降低了培训的费用，减少了培训过程中所需要的时间。通过这一系列措施提升了员工职业安全意识和职业安全知识，可减少安全事故的发生概率，减少工伤、意外的发生，从而促进劳动关系管理。

在推行人力资源管理系统化后，通过系统可以不定期的发布各种职业安培训，例如夏季防暑降温温馨提示、安全作业提醒、交通安全提醒、突发事件处理注意事项，并且可以建立系统化的突发事件报备机制，要求各机构负责人、各所属人资得知员工发生工伤、交通意外、重大疾病、冲突事件等情况第一时间进行情况报备，上级领导根据事件严重程度介入处理，避免事态近一步严重化。

（二）促进了员工健康的信息化、数字化管理

1. 信息化管理提升了健康管理效率

对员工的健康来说，事前预防远比事后治疗来得更重要，企业不光要关注员工的身体健康，也要关注员工的心理健康状况。网络上，我们不少见到有企业员工因为长时间加班或工作压力过大过劳死、猝死的例子，也有因为心理压力过大跳楼、自杀的例子。如果企业事先建立起系统化的健康管理机制，那么很多悲剧兴许就可以避免。企业推行人力资源管理信息化的过程中，可以将员工历年体检档案进行整合分析，进行必要的跟踪和防预，例如发现本年度员工体检后脂肪肝、血脂高、肥胖症的员工较多，相应的就可以组织类似的健康讲座，还可以组织员工成立健康小组，定期组织爬山、打球、竞走等健康活动，既促进了员工的健康，又有利于企业文化的传播，劳动关系的改善。可以对员工的加班数据、打卡数据进行分析，如发现员工长时间处在工作环境中超时工作，可以提早进行有效的干预，与员工的上级沟通，了解员工的工作状况、技能状况，是否需要工作指导、心理疏导。还可以定期对员工进行心理测评，了解员工的心理健康状况，必要情况下组织心理辅导。

2. 信息化管理降低了企业人力运作成本

在高房价的压力、快节奏的生活方式下，员工各方面的压力越来越大，健康管理在企业管理显得非常重要。通过人力资源管理信息化提升员工的健康状况，有利于提升员工个人的绩效产出，降低成本，提高企业的整体经济效益。对员工健康管理的重视充分体现了企业的人性化，可以增强员工对企业的认同感和归属感，提高员工对企业的忠诚度，甚至可以降低企业人才的流失率，促进企业竞争力的提升。

四、智能操作提升了企业工作效率

（一）员工自助提升了企业的工作效率

通过人力资源管理信息化的推进，全员设置独立的系统账号，员工可

以利用系统功能自助进行考勤提单，查看自己的打卡数据，及时进行考勤异常处理。员工无须通过人事查询就可以通过系统随时查看到自己的剩余年假、调休情况，合理安排自己的休假，而人事也不用每天接受考勤单据、制作手工报表，每月通过系统可以自动的计算考勤和薪资，极大地减少了事务性工作量，大大地提高工作效率。

利用信息化增加自助服务，使普通员工也能参与人力资源管理活动，达到全面人力资源管理，既提升了员工的满意度，又提高了人力资源及劳动关系管理效率和优势。每位员工都可使用自己的账号和密码访问系统相应的模块，获得所需要的信息和资料，同时，还可将自己的想法和意见等方便快捷的传递给上级领导、人力资源部门以及其他同事，实现方便而低成本地沟通，有利于企业加强劳动关系管理，建立良好的劳动关系管理机制。

（二）管理者自助提升企业整体管理水平

通过权限设置，还可以将系统区分为普通员工账号和管理账号，按管理幅度分配权限，非人事部门的管理者无须通过人事查询就可以清楚的了解自己下属的状况，可以促进整体管理水平和工作效率的提升。力争每一个部门管理者都是人力资源管理经理，而每一个人力资源管理者都是专家，共同推进企业战略目标的实现。

现在越来越多的企业也已经认识到如果要想将人力资源转变成为企业的竞争优势的话，单单是建立比较完善的人力资源制度还是不够的，还需要更加充分地利用信息化等技术性的手段来保障人力资源战略的有效落地，这些都离不开全体管理者的推动和参与。

五、塑造品牌形象增强员工凝聚力

要提升品牌形象就难免要进行各种宣传，除了传统的广告宣传，企业还可以通过人力资源管理信息化的优势进行宣传。每一位员工作为人力资源管理信息化系统的使用者，也是企业自媒体的一部分，让每位员工都参与到企业品牌形象的宣传中，可以大大加强员工对企业的归属感，提升企业的凝聚力。

一方面，企业可通过信息化系统加强宣传，提升员工品牌意识和对企业荣誉感。企业可通化信息化系统传播速度快的特点，不定期将与企业相关的宣传资料上传到信息化系统上，员工可以随时随地方便的查阅，可以提升员工的品牌意识，并且能够增强对企业的荣誉感，加强员工的凝聚力。

另一方面，员工作为自媒体可快速对企业品牌形象推广传播。信息化时代，每位员工作为一个自媒体都拥有信息化的传播工具，包含 QQ、微信、微博，等等。员工了解和认可企业的品牌文化后，可以快速对企业品牌形象推广传播。

一方面企业推广人力资源管理信息化，可以充分通过信息化系统传播速度快、受众范围广的特点，加强员工的凝聚力，提升员工对企业的认同感、忠诚度；另一方面，员工主动传播企业企业文化、推广企业的产品，有助于提升企业的品牌形象。

第三节 信息化在企业劳动关系管理中的挑战

一、人力资源管理信息化对劳动关系管理人员的挑战

（一）部分企业管理者忽视信息化和劳动关系管理的重要性

在知识经济时代，人力资本的价值在企业经营中变得越来越重要，成为企业至关重要的生产要素。企业领导者为了追求效率，一般比较关注是否能招募并留住具有竞争优势并能给企业带来经济效益的人才，企业在日常管理过程能否营造和谐的氛围也是非常重要的。但部分企业过分追求效益，决策者和管理者忽视了人力资源管理信息化和劳动关系管理的重要性。要顺利推进人力资源管理的信息化和促进劳动关系管理，万万离不开决策者和管理者的重视。

随着人力资源管理信息化时代的到来，信息传递的速度和效率大大提高，要求决策者和管理者转变价值观念，也要求工作环境、流程和制度进行相应的变革。为适应信息时代的要求，推进企业人力资源管理信息化和优化劳动关系管理，企业有时候需要根据实际情况优化业务流程、调整组织结构、调整劳动关系管理流程、制度。将劳动关系有关的分散信息集中分析，使优化后的劳动关系管理流程更加规范、科学、合理。在调整和改革的过程中，可能会涉及部门职能的重新调整划分、岗位职责及权力利益的重新分配等。以保障调整后的组织结构与优化后的业务流程相互适应，保证人力资源管理系统和劳动关系管理的顺利推进。如果决策者和管理者对人力资源管理信息化和劳动关系管理不加重视，需要做调整和改变的时

候不进行相应的决策，或在决策过程不进行全面分析，理性的判断，那么必然会阻碍整个工作进程。

（二）部分人力资源从业者自身素质不高，缺乏专业性

部分人力资源管理从业者自身缺乏专业素质，在小微企业尤其明显，部分小微企业的人事、行政、财务合为一体。中小型企业没有专门的人力资源管理部门，由行政部负责人力资源管理相关工作。有些企业的人力资源管理者身兼多重职责，只注重日常事务性工作能否顺利完成，或完全听从于上级领导的指令，很少思考如何去提升企业人力资源管理信息化和优化企业劳动关系管理。要推动人力资源管理信息化和优化劳动关系管理，人才是重中之重。企业必须注重人力资源管理信息化和优化企业劳动关系管理的专业化、复合型人才的培训，造就一支具备突出的信息化能力和现代化管理水准的人才队伍。要从企业战略发展层面，加强人力资源管理信息化和劳动关系管理专业人才的引进、培养、储备、保留，以适应企业的发展需要。

二、人力资源管理信息化对信息安全和保密性的挑战

劳动关系管理中的人事信息具有较强的保密性和敏感性。在传统的人力资源管理模式之下，劳动关系管理中的人事信息通常由人力资源部门各司其职，分别保密，涉及高层管理人员的信息甚至需要分级保密，信息很难被其他非人力资源部门查阅和共享。而在人力资源管理信息化的管理模式之下，系统需要对人事信息、业务信息集成到系统中，采用数据库的方式统一存储、共享，员工可以非常便捷的通过企业的信息平台查阅到人事信息，这就对劳动关系管理的信息安全、保密性带来了极大的挑战。在以往的工作模式中，非人力资源部门只关注自身的工作以及与部门相关的人事信息，对于企业整个的信息情况可能并不会特别敏感，但是推行人力资源管理信息化系统后，对于信息数据可以说信手拈来，员工可以非常方便地复制、下载、传播。企业若不关注并制订出可行的对策，风险会非常高，甚至给企业带来破坏性的影响。

三、人力资源管理信息化对员工满意度的挑战

（一）员工沉迷于信息化系统中，忽视现实人际交往

在企业日常工作中，信息交流、信息交换是必不可少的，随着企业人

力资源管理信息化的推进，员工之间的信息交流变得更加方便、快捷，但面对面的交流是最基本的沟通方式，有着信息化系统不可能替代的优势，是人与人之间最真实的体验，也是提高沟通效率、工作效率的最好方式。如果员工过分沉迷于虚拟的信息化系统中，忽视现实人际交往，甚至有可能导致与管理者关系变得紧张。在信息化工具交流的过程中，有时候会出现意思表达的误解，如不能面对面的沟通，会使误解越来越深，严重的会演变成冲突和纠纷。

企业应当引导员工增强对管理决策的参与意识，多促进上下级之间交流，多通过职工会议、公开活动等渠道，将企业发展难点、员工关心的热点问题向员工传达，让员工多发表意见、建议，多进行面对面的双向交流，使员工与员工、员工与企业管理者构建信任桥梁，促进企业发展和进步。

（二）员工若长时间利用信息化系统闲聊，可能影响工作

当前企业里员工大多数是 90 后、00 后年轻员工，这一代年轻员工普遍具有一定文化，很多都是家里独生子女，追求个性、自由，员工呈现出多样化、个性化趋势，员工的日常社交也对企业有着多样化的影响。人力资源管理信息化系统使员工之间的交流变得更加容易，如果企业管理不严格，有可能变为员工之间的聊天工具，可能会影响正常的工作秩序和工作进度。

企业劳动关系管理应逐步在日常社交、传播等环节进行引导、管理，最大程度扩大人力资源管理信息化的正面影响，从而营造积极健康的工作交流氛围、环境。

（三）信息化系统可能使员工之间盲目比较，影响满意度

企业推行人力资源管理信息化后，会大大增加人力资源管理部门的透明度，这种透明度一方面增加了公平感，但也有可能带来员工过分和盲目比较的问题。员工满意度是员工个人的一种主观判断，是员工的心理感知，员工会通过期望值与实际感知相比较，除了和其他企业的比较，也会有本企业同事之间比较，如果通过比较后认为自己没有得到公平对待，对企业的满意度就会大打折扣。

（四）过分强调线上办公，影响团队活动和建设的氛围

人力资源管理信息化的推行，使得员工的工作形式可以更加自由、灵活，很多企业都推行了弹性办公、异地办公、在家办公的形式，一些员工

成为孤立的个体，因而就缺少了团队活动、团队建设的机会和氛围。

人力资源管理信息化的推行固然很重要，但是员工与员工之间，员工与组织之间这种社会网络的建设也非常重要，企业必须营造良好的团队活动、团对氛围的环境，调动员工参与企业活动的积极性和主动性。

（五）可能导致忽略劳动关系管理细节和提升员工精神面貌

企业在推行人力资源管理信息化的过程中，如果不关注管理上的细节，不能确保整体流程的严谨、顺畅，就会让企业的管理浮于形式，从而让员工的精神面貌消极，毫无上进心、进取心。只有注重精益求精的管理模式，才能让员工在工作中有较好的责任意识，把工作做到最好。企业要推动企业文化的建设，必须将人力资源管理信息化与企业文化、企业的价值观结合起来，注重劳动关系管理环节的细化，不断完善企业文化建设。同时，优秀的企业文化也能反过来推动企业信息化管理。

针对前述问题，企业可以通过一些对策在推行人力资源管理信息化的同时，提升员工的满意度。

第一，定期调查。随着外部市场环境的不断变化，员工的需要也可能不断变化。要提高员工满意度，必须充分了解员工的实际需要。企业可以通过人力资源管理信息化系统进行调查，了解员工的实际情况。

第二，关注员工的差异化。虽然同为企业员工，但员工的受教育程度、职级、职务、年龄等均有差异，并且每位员工对工作本身、环境、回报的要求和期望不一样，因而人力资源管理部门想要提高员工的满意度，需要充分考虑这些个体化差异。只有这样才能获取大部分员工的认同感，提高较多数员工的满意度。

第三，致力于保持适当的满意度水平。人力资源管理部门要提高员工的满意度并不是追求员工最大化满意度或是百分之百满意，而是通过内部管理提高员工的满意和对企业的忠诚，从而促使员工在工作中更加进取，进一步实现战略目标。企业必须保持一定的员工满意度，但不能追求过高的满意度。没有一定的员工满意度，就无法刺激员工工作积极性，甚至会产生消极作用，但过度的员工满意度，也有可能导致员工满足现状，不利于企业发展。

三、人力资源管理信息化带给劳资争议管理的挑战

（一）人力资源管理信息化带给劳动合同管理的挑战

劳动合同管理包括劳动合同签订、变更、解除、终止等一系列环节、

流程，虽然人力资源管理信息化使劳动合同管理变得更加便捷、高效，但若不关注关键的法律风险点，便有可能因为劳动合同管理不规范带来劳资纠纷。

（二）人力资源管理信息化对劳资纠纷管理的挑战

1. 人力资源管理信息化增加了劳动争议取证的难度

在劳动争议的过程中，一般遵循"谁主张谁举证"的原则，但涉及解除、劳动报酬、工作年限、劳动关系、考勤等均由用人单位负责举证。企业在推行人力资源管理信息化的过程中，已逐渐放弃了过去"白纸黑字"为证的做法，很多企业均推行了无纸化办公的模式，在信息化的背景下，用人单位如何举证面临着严峻的挑战。人力资源管理信息化下的取证和认定，如今已成为劳动争议仲裁诉讼中至关重要的问题。

2. 信息化对企业内部劳动关系管理制度提出了更高要求

人力资源管理信息化提升了人力资源部门管理效率的同时，人力资源管理部门工作人员及企业法务部工作人员也应当充分认识到人力资源管理及合规的法律思维理念、危机处理机制以及证据留存意识，须因时制宜的作好变化和准备，为劳资双方关系及企业自身发展排除风险。在推行人力资源管理信息化之后，在企业的规章制度方面也应适时调整，以保障企业的发展。

第四节　人力资源管理信息化背景下劳动关系
管理的优化

随着人力资源管理化在各企业的推广和普及，对劳动关系管理的影响也将越来越深远，不但是影响到企业和劳动者两方，对于企业工会和劳动保障部门的工作也会带来变化和影响，本论文分别对这四方提出以下建议：

一、对于企业的建议

对于企业而言，要认识到劳资双方并不是对立、对抗的，而是可以合作共赢的，要利用人力资源信息化管理的优势与员工之间建立起和谐、平等的工作氛围和平台，及时收集员工对企业的意见和建议，不定期地进行满意度调查关注员工的动态，优化企业的劳动关系管理。要利用信息化管理的优势提升企业的竞争力，节省企业管理成本从而创造更多利润并给予员工合理的回报。要关注企业管理的规范性，根据信息化推进的变化适时的改进和优化劳动关系管理，构建和谐的劳动关系管理体系。

二、对于劳动者的建议

要利用人力资源信息管理的优势了解自身权益，接受更便捷的服务，要及时与企业、上级进行沟通，反馈可行性的意见、建议，推进企业劳动关系管理的优化，进而自身的工作环境也得到了优化；当遇到违反法律、法规的企业或是企业侵害自身合法权益的情况时，要利用充分收集包括且不限于企业信息化系统上的证据，用法律武器武装自身。在劳资关系中，员工一般处于被管理相对弱势的一方，可利用企业的信息化组织同事共同谈判，采取集体行动维护合法权益。

三、对于企业工会的建议

对于企业工会而言，工会是联系企业与员工之间的纽带和桥梁，可以通过三方协调，构建和谐的劳动关系。工会可以运用人力资源信息化系统，预先监督，发现企业劳动关系管理中有问题以及员工对企业的满意度情况，进行必要的沟通和干预，发挥超前作用。工会代表要深入基层，完善信息沟通和反馈机制，能够第一时间发现矛盾，并及时帮助企业解决矛盾。利用人力资源信息化做好企业文化宣传，关怀员工，保障员工的利益，凝聚员工。

四、对于劳动保障部门的建议

对于劳动保障部门而言，要关注人力资源信息化的潮流之下，劳动关系管理的新趋势及信息化管理下新生代员工的变化，根据新的情况及时研究、发布新的政策和管理细则，推进和谐劳动关系的构建，尽量避免劳资纠纷、冲突升级所带来的负面影响。作为劳动保障部门，预先监督和防范要比事后的调解、处理更具现实意义，劳动保障部门可以根据企业的需要建立起自己的信息化管理体系，监督企业在劳动关系管理、薪酬管理等各方面是否符合法律规范，及时的发挥指导和干预作用，纠正企业在劳动关系管理方面不合规之处。

第六章　人力资源管理信息系统及其应用

第一节　人力资源管理信息系统

一、管理信息系统概述

(一)管理信息系统理论

　　管理信息系统起源于美国 20 世纪 80 年代，高登·戴维斯认为它一个利用计算机硬件和软件、手工作业、分析、计划、控制和决策模型，以及数据库的用户——机器用户。它能提供信息，支持企业或组织的运行、管理和决策功能。

　　管理信息系统理论涉及多门类学科。因其具备提高生产力、加速决策过程、加强团队合作、建立企业间伙伴关系与联盟、实现全球化、推动组织变革等优势，在经济管理、组织管理、运筹决策分析管理、数据统计分析等方面得到了广泛的应用。从功能适用性可分为销售和经营系统、生产制造系统、科研设计系统、财务管理系统、决策支持系统等。

　　燃气企业常见的管理信息系统有以下几种：

　　(1) SCADA 系统：采用成熟稳定的数据采集、通信、存储和展示技术，实现燃气管网重要运行参数的全面监测和设备控制，为城市燃气企业建立高度自动化的管网运行监测平台。

　　(2) 入户安检系统：为确保用户用气安全，燃气企业需定期对用户燃气设施进行安全检查，及时发现客户燃气设备存在的问题和隐患并尽早整改问题，降低客户用气的风险，防止设备隐患威胁用户人身安全或者造成财产损失。入户安检管理系统、入户安检 APP 以及企业微信公众号的应用可实现安检信息现场采集与回传，有效提高入户安检工作效率，帮助完成高质量可视化的定期入户安检管理工作，提高燃气企业用气安全管理水平。

　　(3) 营收系统：设备终端用户燃气卡充值计费管理的综合系统。

　　(4) GIS 系统：即地理信息系统，系统采用 GIS 技术、计算机技术、数据库技术等开发的管理信息系统，在城市燃气行业中的应用主要是提供燃气管网数据采集、录入、维护、业务应用、决策支持的一体化平台。

随着互联网及计算机科学等技术的进步，管理信息系统在电子商务、教育、经济管理等多方面取得了的发展，极大的减少了人类的工作量，提高了工作效率。未来在大数据、人工智能、5G、区块链等技术的发展下，管理信息系统将会为人类做出更大的贡献。

（二）管理信息系统的管理决策功能

管理信息系统的管理功能主要体现在它可以帮助组织进行合理的资源配置。组织通过使用管理信息系统来提升工作效率，实现标准化业务流程，减少资源消耗，组织就可以利用节约的资源来完成更重要的工作内容。如在新冠肺炎疫情期间，我国利用管理信息系统完成病例管理、密切接触者追踪、人员流动跟踪等工作，完成了许多人力难以完成的工作，使我国在时间紧、任务重、资源有限的情况下做好疫情防控工作。

管理信息系统中的数据是决策的基础，许多企业也越来越重视数据分析的重要性，通过对系统存储数据进行整理输出为决策提供依据。决策者通过整理后的数据报表与计划值对比分析，再针对偏差采取相应的纠偏措施，做好项目执行过程管控工作。因此，从企业的目标来看，使用管理信息系统辅助决策对企业的管理是有必要的。

（三）管理信息系统建设

管理信息系统的建设主要工作内容有信息系统运行设备采购、系统集成部署、信息系统设计开发和运行维护等。管理信息系统要经历系统建设立项、系统开发实施、系统运行维护和系统淘汰消亡四个主要阶段。

（1）系统建设立项。需要确定系统的定义及信息系统建设的总体构想，通过对信息系统产品进行一系列调研分析，编制系统规格说明书，确定项目正式成立。

（2）系统开发实施。根据立项阶段确定的项目需求，通过需求分析、设计、编码、测试、交付等工作，使系统建设的目标得以实现。

（3）系统运行维护。当信息系统开发企业完成系统开发，用户验收通过后，系统即可进入运维阶段。系统在运行过程中必然会存在未发现的开发缺陷，因此，需要对系统进行必要的维护。

（4）系统淘汰消亡。管理信息系统在投入生产使用后，随着用户业务需求的变更，系统必然会遇到改造升级，新功能迭代，技术淘汰等导致系统无法满足业务需求的情况。当用户经过经济、技术评价后，如果不具备使用价值，系统将进入消亡阶段。

（四）管理信息系统常用开发方法与技术

1. 常见的开发架构

管理信息系统的架构有 C/S 架构、B/S 架构、C/S 与 B/S 相结合架构三种。C/S 架构即客户端服务端架构，系统分为前、后台服务器应用程序，网络数据库可以进行共享，具有准确性高、安全性强、交互性好、数据处理速度快等优点，缺点是不易于维护与使用，需要安装客户端，如果客户端出现缺陷，需要安装补丁包修复客户端才能保证系统正常运行。B/S 架构即浏览器服务器架构，B/S 架构具有访问方便，不需要用户下载、安装客户端应用软件，只需要通过浏览器访问系统的 URL 地址即可，提升了系统使用便捷性，具有成本低、方便维护，分布性强，开发简单，使用方便等优点，缺点是网络通信量大，系统和数据安全性较难保障。C/S 与 B/S 相结合架构则是在充分考虑两种架构的优缺点之后，采取 C/S 架构与 B/S 架构结合的方法，充分利用两种架构的优势，结合业务需求，规避两种架构的劣势。

2. 前后端分离模式

前后端分离模式是指将前端开发工作与后端开发工作彻底分开，代码开发采用不同的框架，运行时分别部署在不同的服务器上，实现前后台解耦，前端负责提供用户访问界面、数据请求、接收、展示及访问访问路径跳转控制等功能，后端代码负责对请求的用户进行安全验证、请求参数接收、业务逻辑实现、数据的处理、并通过接口为前端请求提供响应数据等功能。这种分离模式一是避免了后台代码处理前端路由跳转、页面展示的问题，减轻了在高并发量情况下后台服务器的性能压力，二是降低了前后端代码混在一起，后期运行维护困难的难题，三是前端新增访问设备，如小程序、APP 等无需对后台代码进行修改，只需在新程序中调用后台服务器接口即可，可以降低开发工作量，避免对后端系统引入新问题。

3. 面向业务流程思想

人力资源管理系统的开发需要实现 BPM，即业务流程管理（Business Process Management），BPM 是以流程驱动为核心，实现企业全业务流程的信息化管理。早期信息系统以企业管理为目标，注重业务数据的输入、修改、删除、输出，不关注业务流程，与实际业务脱节。BPM 的应用可以从以下几方面达到管理信息系统与实际业务的融合。

一是可以固化企业流程。在企业规模扩大，制度完善情况下，BPM 可以帮助企业将制度中的流程固化，由系统控制业务流程的流转规则，实现业务流程规范化。

二是实现流程自动化。传统的电话沟通、纸质审批流程效率低、可靠性差、滞留追溯困难，BPM 流程自动化能提升效率及可靠性，使得跨部门业务流程更为便捷。

三是便于业务流程重组。企业的业务流程制定出来后，企业会不断优化流程，实现流程的科学性、合理性及有效性。BPM 可以在系统中灵活变更业务流程，便于企业应对多变的市场和管理环境。

4. 数据库技术

数据库技术是管理信息系统开发必不可少的技术，计算机在进行数据处理过程中，会产生大量的信息数据，数据库可以有效地组织和存储数据。数据库按照存储数据结构类型可分为 SQL 数据库（关系型数据库）和 NoSQL 数据库（非关系型数据库）。数据库技术在信息管理中具有独立、共享、灵活等优势，不仅具备数据存储的职能，同时还兼具数据管理的功能。数据库技术的应用极大地方便了工作人员对管理信息系统的开发。

二、人力资源信息管理系统

（一）人力资源管理信息系统的概念

管理信息系统（Management Information Systems，简称 MIS），是一个在不断发展、不断变化的新型学科，同时，随着计算机技术和通信技术的进步其定义也在不断更新，现如今大多数人都认为管理信息系统是一个由人和计算机设备或其他信息处理方法构成并广泛应用于信息管理的系统。它主要包括信息的采集、传递、储存、加工、维护和使用六个部分。一个完善、健全的管理信息系统通常具有以下四个标准：需求明确、信息的可采集与可加工、通过系统提供信息给管理人员、实现对信息的管理。一个管理信息系统是否成熟的衡量标准是其是否具备规划统一的数据库，它代表管理信息系统是计算机软件工程的衍生品。管理信息系统是一个既相互交叉又综合性很强的学科，主要有计算机学科（网络通信、数据库、计算机语言等）、数学（统计学、运筹学、线性规划等）、管理学、仿真等多学科组成。信息是企业日常管理资源中的重中之重，决策的有效性直接决定管理工作的成败与否，而信息的质量大小直接关系着决策的正确程度。在现代社会中越来越强调管理和信息的重要性，企业的首要问题已经是其能否有效的管理信息，因此管理信息系统的市场越来越大，普及程度越来越高。

人力资源管理系统（Human Resources Management System, HRMS），是指通过运用系统学理论方法的组织或社会团体对企业的人力资源管理方方面面进行分析、规划、实施、调整、完善、优化，不断提高企业人力资源管理的整体水平，让人力资源管理工作不断给组织或团体目标提供更有效的支持和服务。人力资源管理系统，通过提高内部员工的满意度、忠诚度的方法措施，从而达成提高员工贡献度（即绩效）的效果或目的，帮助管理者通过提高组织管理的有效性来实现降低成本和加速增长的良好局面，从而为企业创造价值链利润。人力资源管理优化解决方案是从人力资源综合管理的角度出发，将基本上所有与人力资源相关的信息或数据集中在一起来实现对于企业的组织管理、人员事务管理、人才测评、薪酬管理、招聘管理、绩效管理、培训管理、考勤管理等各方面的统一管理，为企业完善人力资源业务流程，提高工作效率，打造一个高效快捷的人力资源管理文化氛围。一款好的人力资源管理软件，能够帮助企业在对的时间选择对的人，并安排到恰当的岗位上，从而将其作用最大化地发挥出来，实现企业的战略目标以及经济效益的最大化。

人力资源管理信息系统是一种将技术与理念相结合，技术代表的是信息化技术，理念代表的是人力资源管理理念，并通过依靠信息技术优化人力资源配置的管理方法。一般来说，该系统具体由各人力资源管理模块组成，这些模块之间相互联系，相互作用，可以实现对人力资源管理信息的搜集、处理、储存和发布，从而能够为企业所有有关于人力资源管理的工作提供分析，协调，控制和决策支持。人力资源管理信息系统一般分为以下几类：单一功能的 HRMIS（单一的薪资福利计算或考勤管理系统等）、传统的 HRMIS（涵盖人力资源管理的包括组织管理、档案管理、招聘、职位说明书、培训、能力矩阵、绩效考核、考勤管理、人才测评、薪资福利等主要功能，信息集中储存到数据库中实现对员工的统一管理）、ERP 中的 HRMIS（与财务和生产系统组合成可为企业提供全方位解决方案的高集成的企业资源系统）、新型的 HRMIS（HRMIS 和 eHRMIS）（不仅实现人力资源管理自动化，而且实现了与财务流、供应链、生产管理等系统的关联和一体化，有效整合了企业资源）。

人力资源管理信息化主要表现在以下 8 个方面，每一部分都少不了人力资源管理信息系统的支持。

（1）通过信息一体化实现对信息内容进行有效维护与充分共享。

（2）业务流程管理是一个系统的管理手段，它能把企业的目标、流程与顾客的需求相对接。就像软件工程一样，业务流程管理起始于需求，然后是信息收集，建立数据之间的联系，最后得到可以在计算机或者网络上实现的解决方案。

（3）通过信息化手段，将信息从采集、整理、加工、保存、传播到应用，与过去传统的管理业务有机的结合在一起，过程中需注重知识的收集与汇总，发挥集体的智慧，让知识创新成为企业提高竞争力的力量源泉。

（4）在规范化的信息数据模型基础上，用统一的职能业务、员工角色分工、企业组织结构、人员信息等作为索引，关联并汇集各项管理信息数据，采用单点登录、论坛交互、网络社区、内容管理、即时通讯、服务集成等多种技术手段，规范企业管理业务的运营模式，建设一个统一的交互平台。

（5）通过功能自动化，人性化实现信息资料可以按需配置、随手可得。

（6）在全球经济一体化的挑战下，需要企业做到多管理层级、多业态以及多地域的集团化统一管理，因为只有集团化管控才能实时地掌握所有分子企业的业务动态，才能灵活并且及时地应对外部竞争环境的挑战。

（7）企业实现了信息数据管理的标准化与规范化，业务运行也做到了制度化与流程化，然而这并不是大功告成，通过统一的门户和虚拟的工作空间，还需要营造知识化、人性化的管理氛围，把握好企业的整体价值取向，营造良好的文化氛围，提高员工价值认同感以及员工满意度。

（8）人力资源管理信息系统并不是一个单独的软件系统，它还需要通过有效的技术手段，实现与企业其他的业务或者管理系统的集成，从服务的角度保证系统之间的互相调用和功能之间的协作，如此才能真正有效地实现企业的人力资源管理信息化。

（二）人力资源管理信息系统的功能

人力资源管理部门不是企业的一个基层业务处理部门，他们手中掌握着全企业员工的正常运作，也掌握着企业在人力上的成本战略。对于企业来说，人力资源管理部门应该担任一个在人力上的管理者角色，利用相应的人力资源管理软件为企业实现人力资源各方面上的有力分流控制。

1．人力计划控制

人力资源管理软件的基础功能是企业组织架构的记录，通过相应的记录人力资源管理部门能清晰掌握企业的人力情况，知道哪里缺人，哪个部门满员或是有员工将要离职需要尽快寻找顶岗人员等。通过一系列的基本信息的掌握，人力资源管理部门将更好地做出人力计划，为企业的扩张实现合理的员工增减。

2．招聘控制

好的员工能给企业带来不菲的价值，如何才能不让人才流失，做好招聘管理是其第一步。人力资源管理软件可以帮助企业合理安排好招聘面试流程，在开始便给应聘者留下良好的企业形象。对于应聘者，相应的人力资源管理软件可以比对企业的招聘要求和自身的红黑榜，帮助人力资源管理人员排除一些不合格的应聘者，降低企业招聘成本和风险。

3．人才控制

人力资源管理软件不是只为了解决人力资源管理部门具体工作而设计的单一功能软件，它的功能范围囊括了企业人力的各个方面。通过相应的人力资源管理软件，人力资源管理部门可以把企业中关于员工的各个方面统筹起来，如通过合理的薪酬管理成为人才留存的基本，附以具体的绩效管理和考核管理，充分发掘和肯定员工的价值和潜力，为企业发掘不断的新生力人才。

以上种种的要求光靠人力手工管理已经太过迟缓，无法快速获得资讯和响应的企业和人力资源管理部门都将被时代所抛下。为此，企业发展到一定的程度一定要上线相应的人力资源管理信息系统，来适应日渐复杂的管理需求，以辅助企业更好地前行。

人力资源管理的主体是从企业高层到员工的所有人；管理的对象是人和工作以及组织的匹配；强调管理过程各职能的系统性；人力资源管理的手段是全面的，全面使用计算机信息技术以提高工作效率和工作量。实践证明，全面实施人力资源管理信息系统更适应企业的发展，能为企业创造更大的效益。

（三）人力资源管理信息系统的框架模型

目前市场上广泛使用的人力资源管理信息系统的功能通常分为：组织管理、薪酬管理、招聘管理、考勤管理、培训管理和绩效管理六个主要功能模块，这些功能模块从企业人力资源管理的基础入手，为企业人力管理提供实质性的辅助作用。这六个功能模块有着各自的工作特性，但在实际应用上却有着相互促进与关联。

组织管理功能是人力资源管理信息系统其他功能模块实现的基础，是企业上线人力资源管理信息系统时必须与最先实现的功能。组织管理功能包括了员工管理、岗位编制管理和企业组织架构管理，这些都是员工在企业中确立自身价值和管理者对员工实现有效管理的基础，企业在上线人力资源管理信息系统之时，对该功能模块的要求一定很全面。

此外，人力资源管理信息系统还有流程管理，决策分析等辅助功能。

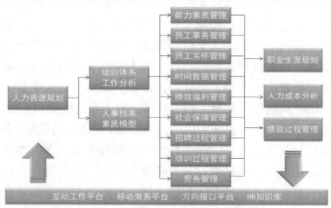

图 6-1 人力资源管理信息系统框架模型

（四）人力资源管理信息系统的发展历程

1. HRMIS 发展的五个时代

（1）从薪资计算到人力资源信息化，HRMIS 经历了以下五个时代：

第一代 HRMIS——20 世纪 60 年代末，随着计算机应用技术的不断发展，HRMIS 应时而生，由于功能单一，当时仅仅作为计算薪资的工具，但对人力资源管理的发展具有重要意义。

第二代 HRMIS——20 世纪 70 年代，尽管系统本身的管理功能不断增加，但仍未能系统考虑人力资源需求和理念。

第三代 HRMIS——20 世纪 80 年代末，人力资源数据实现统一管理，形成了集成的信息源，但信息化程度仍明显落后于财务管理信息系统。

第四代 HRMIS——20 世纪 90 年代末，已能够运用网络技术实现实时共享，但应用有限。

第五代 HRMIS——21 世纪初，从根本上改变了员工与员工之间、员工与企业之间的沟通方式，为企业提供了兼具人性化与定制化的管理模块和决策信息。

2. 我国人力资源管理信息系统的发展

现在，人力资源管理信息系统的发展可谓日益成熟了，人力资源管理信息系统厂商如雨后春笋，越来越多，而人力资源管理信息系统也得到了各行各业的接纳，行业应用范围越来越广。无论是大中小型企业，还是地产、银行、金融、制造、服装等企业，都纷纷引入了人力资源管理信息系统。起初，人力资源管理信息系统大多都只是被经济实力雄厚的大型企业所应用，如今，包括零售、快递等中小型企业也都毫不落后，争相应用。而为了满足不同行业特色的人事管理需求，许多人力资源管理信息系统厂商甚至针对各个行业进行系统的设计，人力资源管理信息系统从起初的通用型渐渐地开始走向专业型。互联网的浪潮让原本只有大中型企业才能企及的人力资源管理信息系统有了深入到每一家企业的可能。这就标志着 HRMIS 正式落地中国，同时也证明中国是 HRMIS 最适合植根的土壤。

第一阶段是初级阶段。此时市场经济刚刚被引入，在人力资源管理方面仍然还在使用老旧的劳动管理和工资管理（简称劳资管理），此时的人力资源管理信息化主要体现在，根据上级主管机关的政策和要求，按质按量编写劳动计划和工资计划，按时向上上报报表和工资情况即可。它仅仅只是能实现某些功能。

第二阶段是人力资源管理信息系统在企业内部实施阶段。此时的市场竞争开始变得激烈、从前不受重视的人力资源变得备受关注，每家企业希望能探究到一个解决内部人才合理配置的方法，因此企业信息化管理的两个基本系统，管理信息系统（Management Information System，MIS）和办公自动化（Office Automation，OA）系统逐渐发展完善。于是就产生了人力资源管理信息系统（HRMIS），与早期的人力资源信息化产品相比而言，其最大的不同在于：它不仅是为了精简人力资源管理业务流程，而是把人力资源推到企业经营管理中的战略高度，利用信息化的方法使组织内的资源得到合理配置。

第三阶段是人力资源管理信息化由企业内部向更多外部服务扩展阶段。此时，仅仅只依赖企业内部的发展已经不能满足企业发展，更不符合时代潮流。外部的人力资源服务、企业服务等也同时成为企业经营的重要因素。

相应的，互联网技术的飞速发展，让人力资源信息化发展到了一个全新的阶段。通过借助互联网技术，人力资源管理能够提高效率、降低成本、改变以往传统人力资源管理模式，帮助企业更快更好发展。

第二节　人力资源管理信息系统建设的必要性和有效性

在人力资源管理中，日常事务性活动或者说例行性工作，是在规章制度与标准操作流程这一基础设施平台之上进行操作的。例行性工作的一大特点就是其中绝大部分工作都是基于经验的重复性劳动，琐碎烦杂而且缺乏创造性，占用了 HR 人员大量的时间，但又是人力资源管理中不可回避的基本事务。现在不少企业管理者已经认识到采用 HRMIS 的必要性，纷纷开发或选购适合自身特点的 HRMIS。但是，仍然有不少企业管理者对 HRMIS 还没有较为清楚的认识，他们依然认为只要将员工的信息输入电脑，再用 Excel 或 Word 打印出报表就行了。事实上前后两种应用大相径庭。

一、人力资源管理信息系统建设的必要性

（一）整合与集中的信息源

首先，我们可以回想一下企业里有关人力资源方面的信息是如何保存和查找的?可能会用自编程序或 Excel 来计算员工的工资，而员工的保险金信息、合同信息、个人信息等可能被存放于多个 Word 或 Excel 文件里，或是打印出来的纸质文件存放进文件柜里。这种分散的信息源，在信息的采集、整合与更新时会产生大量重复的工作，造成人员时间和精力的浪费，它们的保存和查找也是一个相当困难的过程，而要使所有这些信息得到及时更新从而保持相容几乎是不可能的。当政府部门、股东或上级机构需要一份报表时，往往会从计算工资的文件中得到最新的员工人数和姓名，从另一文件中获得他们的合同信息，再从别的文件中获取他们的年龄、生日、教育、性别等信息。由于都是分散保存的，因此将这些信息匹配起来，其工作量是可想而知的庞杂；而由于信息的分散造成信息不一致或不完全的情况，就会更加令人束手无策。时常会出现凭记忆或拍脑袋，人为"调平"

数据的现象。如果是采用了 HRMIS，就可以用集中的数据库将与人力资源管理相关的信息全面、有机地联系起来，可以有效减少信息更新和查找中的重复工作，保证了信息的相容性，从而提高工作效率，还能提供原本不可能的分析报告。

（二）易访问和查询的信息库

在没有采用 HRMIS 之前，当企业管理人员要统计数字时，常常依赖于某个人或某些人来获取。首先是找到人力资源部的相关人员，由他们从不同的电脑文件、打印稿或档案柜中查找相关信息，再汇总提交。这种依赖于人的过程常会因花费的时间较长或某人的离开而不能及时完成。在采用 HRMIS 之后，就会将依赖于人的过程变成依赖于信息系统的过程。企业管理人员只要有相应的权限，就能随时进入系统，直接查阅相关信息。如某厂在采用了 HRMIS 之后，一位老总在浏览本厂人事信息时，偶然发现某位员工在某月有若干天的加班工资，而他却记得该员工曾在该月请了多天的病假。该现象的负面影响已远远超出了几十块钱的加班费。试想，若是同部门的另一位员工也请了多天的病假并且被扣了部分病假工资，那么这位员工在知悉了别人在同样条件下却得到了加班工资后会如何对待工作？其他员工又会有什么样的想法？这样的审计过程，在没有 HRMIS 的支持前几乎不可能实现。企业的老板可能会因为工作繁忙而无暇顾及"小事"，也可能会因其他因素不便细查，或者他也想不到会有舞弊现象的存在。人事部门提供的报告毕竟只是静态的、汇总的，可能是经过人为过滤的和某个侧面的信息。实施了 HRMIS 之后，老总只需五分钟的空闲时间就可以浏览系统，不仅可以得到比较全面、详细和未经过滤的一手人事信息，发现不公平的现象，还可以从中得到一些灵感与启发，甚至因此而改进企业的管理。这种透明性同时还能避免企业管理中的潜在风险。

（三）利于留住人才和体现公平性

很多企业都在一定程度上存在着人才流失的现象。对此企业除了抱怨外部环境以外，往往拿不出有效的办法。现在不少员工利用业余时间学习了不少课程，获得了证书，有一技之长。按以往的情形，员工除了有机会在领导面前显示外，一般很难得到相应的岗位和报酬。同时，在拥有了一定能力之后，该员工也不再安于当前岗位，结果往往是跳槽。如果将员工获得的技能输入 HRMIS，在某个岗位需要人才时，可以先查询一下企业内部是否有合适的人选，这样对企业和员工都有好处。再比如提拔干部时，公平原则不仅在于挑选出合适的人才，而且还给员工一个暗示；个人在本企业的前途不在于是否善于在领导面前表现，而是在于个人的努力和积累，从而达到激发员工工作热情的目的。公平性原则不应只是一句口号，它需要在制度上予以保证以及必要的系统支持。HRMIS 就是一种非常有效的保证和支持工具。

（四）提高管理水平

采用 HRMIS 不仅仅是为了提高工作效率。在实施 HRMIS 后，经过整合的、较为全面、准确、一致和相容的信息不仅可以让企业管理者对本企业人力资源的现状有一个比较全面、准确的认识，同时也可以生成综合的分析报表供企业管理者在决策时参考。如在薪资调整或薪资体系变更前，生成按岗位的历史薪资分析报告等，可辅助企业管理者的决策更加科学与合理。

实施 HRMIS 的过程本身也包含着回顾企业本身的机构和岗位设置、管理流程、薪资体系等等，并根据软件中所体现的先进管理思想来改变现存的体系。在实施的过程中可以看到：管理水平较高的企业，实施 HRMIS 的工作往往比管理水平相对较低的企业容易；而管理水平较低的企业在实施 HRMIS 过程中也会迅速地暴露出本企业在人力资源管理中存在的问题。同时，实施过程也是一个反思先前制度，重组、改进和提高管理水平的契机。

二、通过 e-HR 提高人力资源管理的有效性

现代人力资源管理面临的第一项重要任务就是减少日常性的行政事务工作所占用的时间。许多外包活动为减少这种日常事务提供了一个良好机制；然而，当今最新发展趋势却是通过信息技术来处理这些事务。人力资源管理信息系统目前已经发展到允许员工自己使用这种技术以进行自我服务了。比如员工可以自己进入系统，到自己愿意参加的福利项目上去注册，修改，或者是通过系统来申请获取福利。显然，信息技术已经使人力资源管理能够从日常事务工作中解放出来，转向更多的、更具用战略性的活动。

（一）通过自动化提升人力资源管理效率

电子商务技术所面临的机会与挑战在于，它可以使很多企业重新审视和再造在组织内部已经存在的很多传统流程，甚至是那些人力资源管理方

案。有些企业发现，当他们迎接这种挑战之时，同时也就抓住了改善效率的机会，在人力资源管理领域，这种情况尤为突出。Oracle 企业通过使用自己的 e-HR，一共为企业节省了十多亿美元，其中相当大一部分成本节约是来自人力资源管理的转型。

Oracle 企业的人力资源管理职能转型在很大程度上是通过将常规的行政管理工作转移到网上实现的。这样就可以使企业的 HR 人员将精力集中于富有生产率的工作中去，比如招聘、配置员工、培训以及薪酬激励等等。在开始启动这项改革之前，Oracle 企业仔细衡量并审计了在本企业位于全球各地的人力资源机构中所要完成的全部工作。他们发现，HR 人员所做的大约 60% 的工作都是那些简单的行政事务性活动。在向员工提供了自助服务功能之后，就能摆脱那些常规性的日常行政工作的束缚，转而更加关注战略层面的问题了。

甲骨文企业通过使用自己的 e-HR 系统能够做到：为管理者和员工提供百分之百的互联网架构以及各种自我服务工具。通过引入自助服务工具以及业务流程自动化，使每一项日常事务活动都能实现自动化。整合过去相对独立的散布在各地的多种不同的人力资源管理体系。降低管理成本，降低 HR 人员与员工人数之间的比例。过去每 800 名员工当中就有 1 名 HR 人员，而现在这一比例则变成了 1/3000。效率的提升使 Oracle 企业在发展速度达到每年 10% 的情况下，仍然能够保持 HR 部门的预算零增长记录。他们还将继续增加更多的功能，使管理者和员工能够获得所需的更多知识和工具，使他们的工作变得更加有效，同时也更富有创造力。

（二）通过网络系统完成更多人力资源管理活动

信息时代对速度的要求迫使人力资源管理职能去探索，如何才能利用新技术去支持一些传统性和变革性人力资源管理活动。尽管未来并不一定是所有的人力资源管理活动都在网上完成，但是在目前仍旧通过书面或面对面交流来完成的那些活动当中，有相当数量的活动将有可能在不牺牲效率和有效性（甚至反而会更加有帮助）的前提下在网上完成。目前有数千种人力资源管理应用软件分别针对人员招募甄选、人力资源规划、培训与职业开发、绩效管理以及薪酬福利管理等人力资源管理活动而开发。

比如，为发现和培养对组织忠诚的员工，企业必须对员工的组织承诺水平进行监控，发现不利于员工对组织忠诚的潜在障碍，然后通过快速的反应来消除这些障碍。过去，员工态度调查是多数企业完成这一管理活动的一个重要平台。传统的面向员工的调查通常需要花费 4~6 周的时间；录入及分析数据又要花掉 6~8 周的时间。接着还需要组建一个专门的小组来对调查结果做出解释，确定问题存在的主要领域，然后还需要再组建多个专门的任务小组来提出问题的解决建议，这个过程很容易又花掉 4~6 个月时间。最后，企业还要对是否实施专家小组提出的建议做出决策。最终，员工最快可能也要到调查结束的 12~18 个月以后才能看到企业对他们所关注的问题的反馈一在这样的情形下，那些做了员工态度调查的管理者却不明白，为什么员工对填写这些调查问卷的看法就是在浪费时间。现在，E-Pulse 软件代表了为创建近乎实时的调查平台所进行的技术尝试。E-Pulse 软件是一种可以升级的在线调查工具。通常情况下，这个软件会向员工提出与工作感受有关的三个问题，并且用户可以就某些特定问题增加一些问项，这样从员那里收集反馈信息。由于这种调查全部在网上操作，一旦员工写完问卷后，数据就会立即被输入计算机进行处理。这部分在过去需要 4 个月，而现在只需要 1 天就可以完成了。接下来，企业就能决定如何来使用这些信息。例如：可以将信息按照业务、工作地点或者工作单位等来进行分解，并将相关信息传递给被选定分析单位的管理者。实际上，基层管理者几乎立即就能够得到自己的工作班组中员工的态度反馈。业务单位的总经理立即就能够察觉到所属单位中的员工态度。这样，基层或中层管理者就能够立即做出反应，至少能够告诉大家，组织已经意识到了问题所在，并且将会采取行动来解决问题。

大家必须认识到，尽管技术为提高人力资源管理服务速度提供了基础，但只有运用了系统的方法才能确保人力资源管理服务做得更好，同时也更为明智。例如：将信息传递给基层和中层管理者的时间可能会有大幅缩短，但是如果这些管理者不具备良好的问题解决能力和沟通能力，他们还是会忽略这些信息，或者做出不恰当的反应而导致问题进一步恶化。因此，企业面临的新的挑战就是，超越把技术看作万应灵药甚至智能工具的局限，而是将技术作为实现人力资源管理职能转型的催化剂。

第三节　人力资源管理信息系统的业务应用

人力资源管理信息系统在实际应用与其功能方面的架构设计研究，实际上信息系统设计涉及的内容范围十分广泛，不可能在有限篇幅内将它们尽数列举。因而本人选取了更具有指导作用的几个方面来展开论述人力资源管理信息系统，对信息系统平台设计有一个相对全面、清晰的了解。

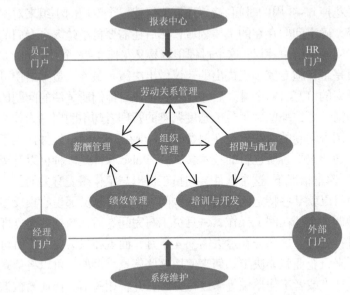

图 6-2 人力资源管理信息系统网络架构图

一、人力资源规划

人力资源规划是从宏观层面的视角出发，透过对组织当前的人力资源管理状况分析，进而对人力资源的信息系统进行规划设计，具体内容主要针对以下几个方面：

（1）人力资源的供给与需求。人力资源规划是企业进行人力资源配置、实行具体人力资源管理活动的前提条件。因此，企业在制定人力资源管理方案之前，必须保证人力资源的供给与需求保持应有的平衡状态，这就要求相关工作人员对这两方面的具体情况适时分析、估计。首先是企业对人力资源的供给与需求两方同步研究、预测，获得有效信息，然后根据这些材料估算未来的供求信息或者是已丢失的供求数据资料。

（2）人力资源管理方案的制定。人力资源管理方案的制定要求同时满足先导性与前瞻性的特征，而且在方案制定过程中需要更加注重对细节的把控与解决措施，在合理安排人力资源日常性事务的同时，逐步向既定的战略目标迈进。

（3）人力资源信息文件的保存。对于组织的规章条例、高层言论、会议记录、工作报告等相关文件，必须提供相应的储存放置的工具，以及建立定期备份的机制，以便拥有访问权限的工作人员进行查询、使用。

二、招聘与配置

人力资源管理部门实施招聘的整个过程一般涵盖了众多连贯性环节：明确招聘的目的与指标，拟定、审核招聘计划书，按照规划实行招聘并随时监控，收集、汇总招聘所得信息，做出评估并得到招聘结果，按照岗位、职务目录及对应的名额指标，将被录取者合理地分配到各个岗位中，同时，相关部门还应对被录取的求职者入职后的工作态度及业绩进行分析、记录。其中，招聘计划任务的制定应当按照当前企业的发展现状及需求，以及未来企业的趋势走向，科学化、系统化地拟定、审核，包括确切的待招岗位，所属部门，所需人数，学习背景和社会实践经历要求以及企业所能提供的待遇、福利范围等。不仅如此，招聘计划中还应事先对招聘方有所安排，包括参与招聘的部门单位、具体招聘人员名单目录、招聘的时间期限与场合、资源调度等等。对于招聘的实行过程，应当配备相关人员进行详细记录，在获得负责人的审核通过后，转向下一个招聘流程，有条理、有计划地完成所有招聘事项，并依照相关标准对招聘的实际效果做出评价。

三、培训与开发

企业针对员工的培训与开发安排主要包括所有员工的定期学习、培训以及即将入职的新员工的职场素质训练这两个方面。培训与开发相关事项、活动的安排不仅需要有关部门的配合与协调，甚至有可能还需要同其他组织单位合作，才能顺利地开展培训。在设计培训与开发板块时，应当着重考虑以下几个方面：

一是拟定切合实际、有效的培训开发方案。按照各部门的业务目标以及企业总体战略发展要求，将不同类型、能力不等的员工准确划分，依照他们各自的特点与弱势，并且透过系统备有的制式化培训开发方案获得相对具体的培训流程，从而制定出切实可行的培训计划。二是培训方案的具体实行。与上述招聘方案的施行类似，相关工作人员也应当对整个培训过程中的各个要点与细节进行详细的说明与记录，同时需要获得负责人的审核批准。完成全部培训项目后，接受培训的员工有义务对培训的施行成效做出真实的评价，并提供建设性的意见，以便管理层在接收这些反馈信息后可以进一步地更正、调整培训方案，为企业今后的类似活动保留历史资料、积累经验。

四、绩效管理

参与绩效管理的有两方：一方是绩效考核管理人员，另一方则为接受绩效考核管理的普通员工。因此，在绩效管理系统中，只有相关的绩效考核管理人员方可进入绩效考核模块中，而普通员工则不具有这项权利，他们一般只能在绩效考核系统平台上参与线上考核，以及查看自己的绩效考核结果与相应的奖惩措施。在设计开发绩效管理系统时，应当采用适合的信息技术，借助有关统计分析方法，进而形成一套完备的绩效考核体系。通常来说，绩效管理系统的设计内容应当包含员工绩效考核方案的设计与审定，绩效考核方案现实执行的事项流程设置，绩效考核结果的正确评判标准与输出方式，经受绩效考核人员对考核结果的询问、申诉入口以及职工反馈相关真实信息的系统界面设计与有效渠道等。

（一）绩效考核方案的拟定

一般来说，绩效考核的通用考核与评判模式有平衡计分卡，360 度绩效考核模式等。绩效考核管理根据考核对象可分为两种形式，即对职工个人绩效的审查、评定以及对各级单位整体绩效的考核。设计人员可以在系统提供的制式化绩效考核流程基础上制定一套完整的绩效考核方案。

（二）绩效考核的实行

绩效考核管理应当以既定的考核方案为指导，进而按照一定的周期性按期实施每个考核流程，最终完成绩效管理的目标。在绩效考核的实际操作过程中，最需要关注的便是绩效考核的指标与评分体系。只有明确了这两点，绩效考核才能顺利实行。因此，企业对绩效考核指标的设定以及对每一核查指标的权重分配俨然成为绩效考核设计的重点与难点。在对单个员工的绩效考核中，绩效考核管理人员可以在其所要考核的时间范围内，对员工当期的表现进行管理与评判。其中，涉及员工对于日常性事务完成情况以及出勤方面的考核评价，都可采用减分计分方法，比如如果员工迟到、早退、缺勤等，则从积分总额中对应评分标准扣除一定的分数，而如果表现优异则仍给予满分；绩效考核最终的成绩还包括上级领导对员工的评价指导等，这些意见将统一转化为分数计入考评总成绩中。

值得说明的是，绩效考核总是针对某段限定期限内的员工个人或部门综合表现的衡量，其最主要的目的是通过绩效考核这种方式，发现经受绩效考核的职工或者单位整体在工作中存在的不足，并由人力资源管理部门指导、监督考核对象尽力改正和完善。对于绩效考评成绩优异的单位，则进行适当的嘉奖，从而激励其在今后的工作中继续发扬优势，力求更大的突破。

（五）薪酬福利管理

薪酬与福利是企业激励员工，吸引优秀人才的一种有效措施，因此，薪酬福利管理系统在人力资源管理信息系统中占据着至关重要的地位。再者，薪酬福利管理与其他系统应用方面（比如绩效考核管理）等联系紧密，很多的福利补贴都是根据员工绩效考评结果而确定的，二者需要相互配合与协调，薪酬福利管理系统设计的重要性不言而喻。与此同时，在进行薪酬福利发放之前，指定财务部门还应该做好固定期限内薪酬福利财富总额预算安排。

1．薪酬管理

不同职称、不同级别的企业员工享有不同数额的工资，其依据包含工龄、绩效考评结果或者特定事件的奖励等。人力资源管理部门在构建薪酬管理系统时，应当着重突出员工的等级、职位划分等，比如底薪、工龄薪酬、业务抽成、职级薪酬等，尽可能保证报酬分配的公平合理化。

2．福利管理

福利管理系统不仅涵盖了节日的恩惠福利、餐用补贴、通信补贴、出行补贴、居住补贴、补助性医疗保险等。该管理系统在与计算机技术、统计分析方法的配合使用下，可采用现阶段广为使用的自助型福利补贴制度，切实按照福利补贴制度中的标准，评定员工的职级，确定各个员工可享受的福利补贴目录、金额及时间期限。"自助型"指的是员工可根据自身的情况领取可选择范围内需要的福利或补贴，以此使员工体验更加完善的服务。

3．薪酬福利的发放管理

薪酬福利发放管理系统应当采用平台接口互通、线上资源共享的兼容形式，实现同企业的财务管理系统的交互使用。该管理项目包含了企业员工"五险一金"的详细设置以及扣除税金计算在相关部门审核确认后，按照已设定的发放标准分配税后薪酬福利。

（六）劳动关系管理

劳动关系管理一般是由职工的个人基本信息管理以及劳动合同管理两部分组成。劳动关系管理系统适用于所有类型的员工，无论是在任的或是离职的，无论是正式的或是实习生，其劳动关系都受人力资源管理系统的管理。

1. 员工信息管理

员工信息管理系统中主要是针对员工个人基础信息的管理操作，具体包括职工姓名、性别、出生年月、有效证件号码、政治面貌、民族、家庭情况、婚姻状况、学习背景、技能等级、联系方式、岗位职级信息等等。管理系统中的员工信息可由企业统一录入或者是员工自行填写、增加、删除、更改等，但这两种输入方式都必须经过相关管理工作人员的审核、批准方可最终确认，以供员工信息在其他流程中的查询与调用。在这方面该信息系统的操作工作一般是由职工信息管理者这一方程度，这些职工信息管理员需要定期关注职工的调离或退休情况，并在员工信息数据库中及时更新，以支持其他信息需求者的检索采用。

2. 员工调动管理

员工调动管理指的是人力资源管理部门对企业员工在不同部门的调动指导、管理，具体可分为对员工调动方案制定的管理，对职工过去已发生或者是确定将要发生的调动、离职及退休实行的管理。所有类型的员工调动都需要由员工本人自行提出调动申请或是部门经员工本人同意后递交员工调动申请书，经过人事部门及上级领导的审核、批准，最终同意调动申请，实现员工调动。

3. 劳动合同管理

员工同企业之间的劳动合同关系管理系统有必要设置一种特定功能，即在劳动合同期满前三个月及时对企业与员工双方进行相关事项的提醒。这也要求劳动关系管理系统中实时保持完整的合同签订记录与其备份文档，才能提供充分的依据。

（七）系统管理

系统管理指的是针对信息系统平台用户的管理。以下主要介绍用户角色管理以及权限控制管理两方面的内容。

1. 用户角色管理

人力资源管理信息系统通常涵盖四种系统用户角色：

一是决策门户，这类型用户是统筹型人才，他们往往借由其在信息系统平台上的操作获取所需要的宏观信息，从而根据企业发展现状为企业提供相应的决策或建议。

二是经理门户，人力资源部门一般将其任务划分子任务，并指派经理人员完成，这主要是为了提高人力资源管理的效率，使管理事务的完成更加具有目的性，预期目标实现的效果更加及时、显著。

三是普通员工，为了节省人力与时间，日常性事务的处理（比如人事信息在系统平台中的录入）一般由人力资源管理部门的普通员工完成，而人力资源管理部门主要负责对录入信息的审核与管理，在一定程度上达到了普通员工自助管理服务的效果。

四是专业人才，这类型用户一般都是接收他方委托到指定模块区域内执行特定的系统流程处理，以此与其他用户之间实现更合理的分工合作。

2. 权限控制管理

权限控制是指对信息系统平台用户使用权限的规定与管控。在人力资源信息管理系统中，权限的划分依据即为上述四大类用户角色，不同的用户类型，他们各自拥有的使用权限也不尽相同。因此，在设定权限与实行权限控制管理时，相关工作人员应当有的放矢，针对不同的用户类型进行进一步的操作。

（八）系统安全设计

现如今，复杂的网络环境为人力资源管理信息系统平台的搭建带来了诸多不确定因素，实际上信息系统时刻都有可能处于无法控制或者消除的巨大风险当中，因此对于人力资源管理系统设计，安全因素成为必须考虑与重视的核心点，如何更高效、稳健地进行系统开发与维护，降低信息系统的风险向该系统的研发人员发起了更大的挑战。系统的保密设计可以着重从以下几个部分考量：

一是所有类型用户对系统的访问机制设计。例如，用户登录密码需调用密码器口令或者手机短信、语音验证等，系统后台据此核对、确认用户登录信息，以保证系统及用户信息的安全，同时适当增加系统用户通道间的安全接口，提高信息传送的可靠性与速度。

二是业务流程机制设计。系统设计人员在编写程序时应当反复检查，减少代码中可能存在的失误。

三是用户权限设定机制设计，具体设定不同类型门户的权限，实现技术层面的把控与管理。

四是信息保存机制设计，特别要注意重要数据或文档保存与取用，对用户提出查阅申请时严格把关、核实，尽可能减少一切意外丢失事件，恶意破坏以及不正当使用等情况的发生。同时还需要建立系统恢复机制，这主要可通过用户日志与定期数据备份实现。

（九）系统界面设计

企业信息系统的落地使用取决于用户的使用体验，作为直接跟用户接触的操作界面，如何让用户简单、顺畅的完成相关的使用操作是关键。界面的设置不仅仅是要满足 UI 设计的基本原则，而是要在美观度、功能性的满足性、实现的难易程度等几个方面找到最佳的平衡点。

结合人力资源管理系统的特点和使用人群，系统的界面设计要遵循以下原则：

（1）尽量减少用户的操作步骤。同样完成一个系统中的操作，尽量少的操作步骤可以极大地提高用户体验。在设计每一个业务流程的操作方式时，都要从最简单的操作模式上考虑，让用户在最简单最直观的界面上完成操作。

（2）合理的界面信息展示。在电脑或者移动设备上使用系统时，尽量将用户关注的内容在一屏上进行展示。信息的排布并不是越复杂越好，合理的布局和简约的风格可以很好地提升界面的友好度。另外，重要的信息以特殊颜色、字体等方式进行突出展示也可以帮助用户更好的使用系统。

（3）向导式的操作流程。应用系统落地需要对用户进行大量的操作培训，特别对于终端用户的培训经常会反复进行，所以向导式的操作模式和界面可以大量的减少重复培训的工作量，让用户更简单、更方便、更顺利的使用系统。

（4）新技术的合理化运用。互联网技术的发展为传统应用系统的使用也带来了很多新思路。如模糊搜索技术可以帮助用户进行快速的查询，以往用户查询某个员工的信息需要经过选择功能模块－选择应用功能-选择信息表单-搜索员工工号或者姓名进行精确搜索，一共四个步骤才能定位到该信息，采用模糊搜索技术只需进行一次操作就可以找到员工信息。

（5）个性化的界面设置。在终端用户的操作界面，特别移动端的操作界面，由于用户的个性化需求越来越强烈，不同用户对于界面的风格、配色、字体以及界面的排列方式都有不同需求，适当的开发用户自定义权限，让用户可以根据自己的喜好来进行设置可以兼顾用户体验和功能使用的需求。

第七章　人力资源网站建设

在人力资源管理信息化的进程中，人力资源网站扮演着十分重要的资源角色，所以在介绍人力资源管理信息化时，很自然地要涉及人力资源网站。本章主要对人力资源网站作一个概述，并介绍几个目前比较知名的人力资源网站，并从人力资源网站的规划、建设、安全及推广等方面进行详细介绍。

第一节　人力资源网站概述

一、人力资源网站的含义、分类及特点

从广义上来理解，我们可以把与人力资源有关的网站统称为人力资源网站。按其业务种类的不同，可大致分成以下几种。

1. 人才中介服务网站

这类网站数量最多，最为常见，也是我们狭义上所讲的人力资源网站，本章就是从这个角度来进行介绍的。其主要是为求职者和招聘单位提供一个发布信息的网络平台，把这些人才供求信息集中起来，帮助个人寻找合适的职位，帮助招聘单位找到优秀的人才，比较有名的如前程无忧网（www.51job.com），boss直聘（www.zhipin.com）。

2. 人力资源管理咨询网站

这类网站一般由管理咨询企业或专业的人力资源管理咨询企业创建，旨在帮助企业或其他机构进行人力资源问题诊断，提出完整的人力资源解决方案。他们一般拥有高水平的人力资源专家团队。能够对企业和各类组织进行系统的人员培训，促进内部沟通、融洽团队关系、挖掘员工潜力、提高组织凝聚力、增强团队竞争力。比较知名的有中华培训网（WWW.china-training.com）、远卓管理顾问（www.bexcel.com）等。

3. 人力资源管理经验交流网站

这类网站一般实行会员制，有企业会员和个人会员，主要通过举办人

力资源界的专业论坛和各类沙龙活动，为人力资源专家、人力资源从业人员和企业提供一个互动交流、沟通的平台。推动优秀人力资源管理理念和管理技术的总结、研究与传播，促进优秀知识向生产力的转化。

4. 国家各级劳动人事部门网站

政府部门中有两个与人力资源密切相关的部门，即劳动部门和人事部门。这两个部门都是从宏观上对人力资源进行总体规划和管理。劳动部门侧重于全社会的人员就业和社会保障管理，其主要职能有：从总体上规划劳动力市场的发展，组织建立、健全就业服务体系；制定职业介绍机构的管理规划；制定农村剩余劳动力开发就业、农村劳动力跨地区有序流动的政策和措施并组织实施；制定外国在华机构从事劳动力招聘中介、咨询和培训业务的资格管理办法；组织拟订职业分类、职业技能国家标准；建立职业资格证书制度，制定职业技能鉴定政策等。而人事部门则侧重于针对国家机关和事业单位工作人员进行总体规划，其主要职能有：指导和协调有关人事人才方面的国际交流与合作；承办政府间有关人事工作协定合作项目的实施工作；承担在国际人力资源机构中中方牵头的协调工作；负责人才资源规划、开发工作，拟定人才流动政策法规，发展、规范人才市场；建立国（境）外人才机构和组织进入我国人才市场的准入制度；建立和完善人事争议仲裁制度；参与高校毕业生就业制度改革和高校毕业生就业政策的拟定等。

5. 个人求职网站（页）

事实上，把这类网站或主页称作人力资源网站稍显牵强，但我们如果从广义上来理解人力资源网站，把它们划进来也未尝不可。这类网站是求职者为了让更多用人单位全面了解自己的情况而设计的。一个制作精美的个人求职网站往往能体现求职者具备相当高的计算机综合处理能力，包括文字处理能力、图像处理能力及信息综合处理能力。用人单位根据个人网站的制作情况，便可对其能力做出初步的评判。求职者把其个人网站放在网络上供用人单位随时调阅，可大大提高求职的成功率。

以上只是对人力资源网站进行一个粗略的划分，事实上，现在的人力资源网站基本上不会再局限于某一种业务。随着社会经济的发展和互联网应用范围的扩大，人力资源网站的业务范围也在不断拓展，尤其上面提到的前三类人力资源网站，呈现不断融合的趋势。对于一个人力资源网站，我们已经无法辨别它具体是提供哪一类服务的人力资源网站了，往往只能从主营业务上区分其是侧重于哪一类服务的人力资源网站。因为其往往经营多种与人力资源相关的业务，提供一整套的人力资源服务，并且不断创新，不断拓展新的业务种类，以尽可能争取更多盈利点。这是现在人力资源网站发展的一个新特点，也是其未来发展的一个趋势。

人力资源网站有如下几种：培训机构；咨询企业；HR 软件企业；人才交流及招聘/猎头机构；HR 会展/协会及俱乐部；教育中介机构；HR 精品图书馆；HR 研究机构及院校；HR 职业资格认证；HR 专业网站；HR 公共服务机构网站等。当然这种分类稍显庞杂，而且部分培训机构、咨询企业、教育中介机构等，并非专业的人力资源网站，只是在自己网站上提供了一些与人力资源有关的服务。但是中国人力资源黄页作为一个人力资源方面的门户网站，它追求的就应该是尽可能全面地把与人力资源相关的网站都收录进来，方便访问者查找自己需要的服务。

以上基本上是从业务角度对人力资源网站进行分类介绍，下面是国家信息产业部依据经济性质和投资方对人力资源网站进行的分类：

（1）政府在线人才交流与市场信息网（国营）。

（2）民营的人力资源开发和人才信息网（民营）。

（3）借助国有人力资源库兴办的民营人才招聘网站（国有民营）。

（4）外资企业直接投资建设的人力资源网（合资企业或外商独资）。

这四类网站各有所长，政府网有先天的信息来源优势，民营网运作机制灵活，引入外资后，资金优势会很明显。而所有这些网站笼络网民的心和吸引求职者最好的办法不外乎免费登录和查询信息，或者针对企业特殊需求提供猎头企业、网络和报纸等全方位的招聘服务，或者将传统的人力资源工作移到网上，开展网上心理测评、网上人才论坛和经理俱乐部等。

二、人力资源网站的发展

大家知道，随着计算机的普及和互联网技术的发展，我们获取信息的速度和数量超过了以往任何时代。人力资源网站在这方面展现出了突出的优势。

人力资源网站为求职者和招聘单位提供了一个发布信息的网络平台，求职者可以把自己的个人简历、求职信息发布在人力资源网站上，人力资源网站会把这些信息归纳、整理，按照求职者的类型、层次建立相应的人才库，以便于招聘单位查找自己需要的人才。招聘单位也把自己的招聘信息提供给人力资源网站，由网站整理后发布出来，便于求职者查找适合自己的职位。

目前，国内几家比较大的人力资源网站，每天更新的招聘信息都有上万条，上网投递的求职简历达到几万份。网上人才招聘超越了区域的限制，不同地区的求职者可以在同一网站和各地区的人才需求单位沟通，很多人只需点击鼠标就可以找到称心如意的工作。目前网络招聘已经被大多数人认可和接受，它的出现可以称得上是一次求职的革命。当国内大多数商业性网站举步维艰时，一些专门从事网上求职招聘服务的网站却蓬勃发展，呈燎原之势。

人力资源网站发展的根本，在于向用户提供优质的服务。求职者在利用人力资源网站找工作时，面对浩如烟海的招聘信息，可能会感到无所适从。人力资源网站考虑到这一点，就推出相应的搜索工具，求职者只要输入或设置一些具体要求，像企业名称的关键词、位置、全职或兼职以及职位类别等，就可以迅速查找到最符合自己需求的信息，为自己节省时间。有的先进的人力资源网站一旦检测到适合求职者的工作单位，就会自动将求职者的简历发送给招聘单位。

但是，与其他信息载体相比较，网络招聘信息的真实性值得推敲。各类人才网站，特别是小型网站，信息量明显欠缺，小网站上的招聘信息相当一部分是从大网站上下载的，虽然招聘信息内容没错，但网站在完成下载、处理、制作等程序后，绝大部分已经过时无效了。大型企业在发布招聘信息时，往往一次招聘很多类型的人才，一些人才网站此时却充当"筛子"，只发布其中的一部分职位。还有一些人才网站在发布招聘信息时，将招聘单位的地址、电话、Email 都撤换掉，致使求职者在求职的过程中多了一道关卡。有不少求职信件不能到达招聘单位。对此，求职者一定要注意虚拟世界与现实世界的分别，在找到理想的求职信息后，应首先致电招聘单位确认其真实性，再发送求职简历，尽快进入供求双方的真实接触的阶段。

总之，只要人力资源网站克服自身不足，充分发挥网络优势，为用户提供真实、高效、便捷、优质的服务，人力资源网站就一定可以获得长足的发展，拥有光辉灿烂的明天。

三、主要人力资源网站介绍

1. 前程无忧网

1999 年 10 月，前程无忧网在上海成立。该网站致力于为积极进取的白领阶层和专业人士提供更好的职业发展机会，也致力于为企业搜寻、招募到最优秀的人才，是一家专业的人才招聘网站，其网页界面如图 7-1 所示。

图 7-1　前程无忧网站首页

前程无忧网（http：//www.51job.com）提供的服务项目主要有以下两个方面。

（1）从求职者角度看，前程无忧网主要提供以下服务。

1）个性化的职位搜索方式。求职者可以根据需要建立多组职位搜索器，在寻找合适的职位招聘信息的同时可以节省许多找工作的时间。

2）个人简历管理系统。为会员提供一套完整的简历模块，会员可在其"简历精灵"的指导下完成标准的简历。简历将储存在 51job.com 的简历库中，会员可以随时上网修改更新。使用者可以选择将其在 51job.com 上填写的简历通过 Email 投递到任意想应聘的企业。

3）订阅职位招聘信息邮件。求职者可以根据需要设定每次邮件发送的时间间隔，数量。所需要的招聘信息就会按时投递到指定的 Email 信箱中。

4）个人在线求职管理中心。这是一个属于会员个人的网上免费求职管理中心。使用者可以修改简历、搜寻招聘职位、查阅投递简历记录、获取其求职意向分析。

5）为求职者建立多种职业沟通渠道。许多著名的跨国企业和大型企业正在使用网站进行招聘。根据求职者简历的公开程度，企业可以直接搜索无忧简历库，提供更多的职业机会给求职者；51job 的"人才速配"服务是根据招聘企业的需求搜索推荐合适人才的一个桥梁，只要求职者符合搜索条件，就有机会获得推荐。51job 的猎头人员会密切留意网站简历库中的优秀人才，当有诱人的职位空缺出现，并有与之相匹配的专业人才时，他们会直接与求职者联络。

（2）从招聘单位角度看，前程无忧网主要提供以下服务。

1）猎头服务。"无忧猎头"在国内首创了报纸+猎头+软件+校园招聘的"全方位招聘方案"，致力于用最短的时间、最经济的成本为企业招募到合适的高级管理人才和技术人才。

2）"网才"招聘管理系统。51job 通过对企业招聘工作的细致研究，目前已推出了基于互联网的真正服务于企业的招聘管理系统——"无忧网才"。具体包括以下子系统：企业职位库管理系统，可以与企业组织结构完全吻合，为企业人事部门提供最为方便的职位管理解决方案；招聘广告自动投放管理系统，可以让企业随时随地利用最多的资源及时发布职位信息，第一时间掌握广告效果；招聘流程管理系统，可将外来的应聘者信息及时传递到企业内部各个相关部门，协助人力资源管理人员高效地完成招聘工作；简历库查询系统，可为企业提供便捷、安全、高效的招聘服务操作平台，帮助企业的人力资源部门从繁重而复杂的劳动中解放出来。总之，"网才"是为企业实施电子化招聘管理而设计的软件，企业可以通过它来简化人力资源工作流程，提高招聘效率。

3）无忧培训。为企业提供公开和内部培训服务，帮助企业提高员工的综合素质及职业水平。内容涉及管理、销售、财务、人力资源、技能、生产各个方面。

4）人事外包。前程无忧根据企业的实际需求，提供一系列的人事外包服务，为企业及时引进先进的人事管理模式，帮助企业更好地管理人力资源，规避政策风险，提高员工满意度，为企业节省大量事务性工作所需的人力、资金和时间。

2. **智联招聘网**

智联招聘（www.zhaopin.com）成立于 1997 年，是国内最早的专业人力资源服务商之一。其前身是 1994 年创建的猎头企业智联（Alliance）。企业独特的历史为今天智联招聘的专业品质奠定了基石，目前智联的业务范围包括：网络招聘、报纸招聘、猎头服务、校园招聘、代理招聘、企业培训、人事外包、人才测评等。其中，中高级管理和专业人才猎头服务是智联招聘的主要业务之一。其目标是成为中国大陆具有最高质量水准的招聘服务供应商，智联招聘的网页界面如图 6-2 所示。

图 6-2　智联招聘网扎你首页

　　智联招聘网为个人求职者提供了职业生涯规划支持。个人求职者可以在网上登录自己的个人信息，并利用个性化工具在职位库中检索适合自己的职位需求信息，在最大限度上拓展自己的职业生涯。智联招聘面向大型企业和快速发展的中小企业提供一站式专业人力资源服务，客户遍及各行各业，尤其在 IT、快速消费品、工业制造、医药保健、咨询及金融服务等领域享有丰富的经验。

第二节　人力资源网站的规划与建设

　　"凡事预则立，不预则废"，一个人力资源网站在建立之前，一定要做一系列详细周密的筹划和准备。这个过程就是人力资源网站的前期规划，主要从以下几个方面进行介绍。

一、人力资源网站的目标规划

　　不同类型和不同规模的网站所需资源不同，所以在构建一个人力资源网站之前一定要有一个大致的目标，基本确定招聘网站应该具有的功能和规模。目标规划就是要通过市场调研，了解网站服务对象及他们的需求，从而明确网站服务领域，进而确定网站的服务种类及服务形式。

（一）市场调研的含义与目的

1. 市场调研

所谓市场调研，就是对商品和服务市场相关问题的全部数据进行系统设计、搜集、记录和分析的活动过程。这一过程包括：首先要确定说明问题所需的信息，然后设计收集信息的方法，监测和执行数据收集的过程，再对收集到的信息进行分析，最后得出相应的结论。通过调研，充分掌握各种市场信息，尤其是目标顾客和竞争者的信息，从而为组织制定经营决策提供依据。可见，市场调研在现代企业竞争中扮演着重要的角色，它把产品或服务的供求双方通过信息联系起来。所以，现代企业在生产产品或提供服务之前，都会对市场进行全盘的了解及调研，然后才进行生产或推出服务，这样才能使产品或服务的供给和需求达到紧密无间的配合。商务网站当然也不能例外，否则，盲目建设一个网站发布在 Web 上，只会是一种浪费。

为了全面理解上述定义，需要重点把握以下四点：

（1）市场调研是一个动态过程；

（2）市场调研的结果可以是直接的市场调查数据，也可以是最终的市场研究报告，在日常工作中后者往往居多；

（3）市场调研必须根据明确的调查目的，采取特定的方法和手段，以保证调查结果的客观性和准确性；

（4）市场调研的主要功能是为处在动态市场竞争环境中的企业组织制定经营策略提供依据。

2. 市场调研的目的

笼统来讲，市场调研的目的就是了解市场，了解市场需求，以此为导向，进行经营决策。但如果我们进一步去考虑，进行市场调研究竟想要获得什么？调研目的具体有哪些内容呢?归纳起来，大概有以下几个方面。

（1）竞争分析。分析比较消费者对企业与其他竞争者所提供的商品、服务的接受程度。就一个人力资源网站来说，可以调查目前的人力资源网站所提供的各类服务。例如，有的网站提供免费的人力资源管理相关书籍、报刊的在线阅读，还可以让读者进行评论和讨论等等。那么可以根据这些调研结果，确定自己网站的特色服务。

（2）潜在需求分析。挖掘用户的潜在需求，对现有的产品或服务进行改良、创新。这样可以让企业获得竞争上的优势。商务网站要做到这一点，首先网站硬件要经常升级换代，使用户进入、退出更加迅捷方便；其次，网站内容要及时更新，让用户感受到信息的有效性，并且网站界面做得越方便越好，这样才会使用户保持新鲜感，不会厌倦。

（3）新产品市场开拓分析。一种新的产品、新的服务推向市场后，需特别注意该产品或服务的创意，并且广泛地将它介绍给大众。一个人力资源网站在向客户推出某项新的服务时，最好同时建立对该服务的意见反馈渠道，以了解客户的想法和意见，以便日后改进。

总之，对商务网站的市场调研应当主要集中在以下两点。

（1）调查目前在网络中有多少家与你的产品服务相类似的商务网站，网站架构怎样、如何布置网页、市场的推广策略如何。

（2）调查网站目标顾客对该类网站的期望、需求、意见和建议等。

（二）人力资源网站的服务种类

通过市场调研，知道了目标顾客的需求，然后就要提供相应的服务，以满足客户的这些需求。人力资源网站的功能主要通过网页平台而实现，这就要求网页设计风格整体统一、色调一致、栏目清晰明了，使访问者能够方便地在各栏目间切换，同时又能使访问者浏览简便，能够方便地找到所需的栏目及信息。

结合用户需求分析，人力资源网站即招聘网站需要具有以下基本功能：

（1）发布国家及地区人事方面的政策和动态。

（2）发布人才招聘启事。

（3）求职人才的登记、注册和信息发布。

（4）对人才简历进行分类、整理，提供查询和筛选。

（5）人才市场中介服务（包括猎头业务）。

（6）提供人力资源管理、配置研究及招聘解决方案。

（7）从事网上人才招聘、洽谈活动。

（8）进行就业的咨询评估和指导。

（9）进行人才素质测评和智力开发服务。

（10）开展网上人才培训。

（11）开展与发挥人才市场功能有关的调查工作（如薪金调查、职位调查与分析等）。

（12）开设人才人事论坛。

现在的人力资源网站要想在激烈的市场竞争中站稳脚跟，必须具备以上这些基本功能。而且这种全方位综合的人才市场服务方式具有广阔的发展前景。

人力资源网站除了应具备以上基本功能外，还可根据自身网站的特色，通过提供一些个性化的服务来吸引客户，以提高网站知名度。例如提供面向客户的网络化招聘管理系统等。

（三）人力资源网站的服务形式

1. 信息发布形式

人力资源网站对招聘单位的信息和求职者的个人信息应采取不同的开放程度，有关用人单位的信息应尽一可能的公开、透明，有关个人的信息则可根据个人的要求分为公开（对所有用人单位公开）、半公开（只对人才网站公开）和不公开（只用做网上发送简历）三种形式，并有相应的保密措施和技术支持。

利用公众信息网络发布人力资源信息，应当按照国家有关规定对信息的真实性、合法性、时效性进行审查；不能提供虚假信息，进行虚假宣传；不能抄袭、剽窃、盗用、复制其他网站制作的页面和发布的人才信息。

2. 免费、收费服务

所有人才网站对求职个人实行免费服务，包括：求职个人的注册登记、个人邮箱、职位查询、发布求职信息、预定职位等。对用人单位的服务分为收费和免费两种。收费的服务项目主要包括：发布人才招聘启事、查询人才简历、提供中介服务、人事规划和人事诊断等。

利用人才网站从事服务和运作，主要有两类形式：第一类以网上服务为主，辅之以网下服务。其特点是：投入大、影响范围广、信息多、功能全，但风险较大，收效慢；第二类以网下服务为主，网上服务为辅。网站作为宣传和信息收集、发布的工具和渠道。其特点是：知名度相对小，信息量小，投入少，但运作起来风险小，经济效益较好。

二、建站可行性分析

可行性是指在当时的具体条件下，信息系统的研制工作是否已具备必要的资源及其他条件。创建网站之前的可行性分析工作很多，包括：是否有能力提供和更新 Web 页面内容，人员的组织，软硬件的选择，Web 页面的维护和测试，域名的注册，ISO 认证内容的选择，信息的收集，Web 连接组织和维护，搜索引擎的注册，防火墙的设置，根据 Web 服务器的访问记录寻找新的商机，确定 Web 站点需要提供哪些交互式应用，安排人员回答用户的网上咨询，数据的选择，Web 页面发布策略，教育培训计划等。

针对这些任务，企业应该根据自己的实际情况确定哪些需要纳入实施计划，以及每项任务的时间、费用和人员安排。

网站建设的可行性分析主要包括管理可行性分析、技术可行性分析和经济可行性分析三个方面。

（一）管理可行性分析

管理可行性分析主要是指网站建设中所需要的人力资源，即组织人员可行性分析。其中重要的一项工作就是进行组织结构调查与分析，确定哪些人员应该参与网站设计，这取决于网站的本质。如果仅是企业对某个部门或小组在建网时起领导作用，其结果是所建网站只能反映这个部门或小组的需要而忽略其他重要部门或小组的需要。很长时间以来，MIS（Management Information System，即管理信息系统）部门负责企业的网站的建设工作。这样的网站的功能有一定的局限性，它容易忽略其他重要部门，比如市场部。因此，在网站建设中必须防止此类事件的发生。除了相关的业务部门主管和技术核心人物外，最为重要的莫过于主要的业务合作伙伴。企业必须让用户参与到网站的建设过程中，倾听他们的意见，保证从始至终地与他们相互沟通。

（二）技术可行性分析

技术可行性分析主要是指构建与运行电子商务网站所必需的硬件、软件及相关技术，是对电子商务业务流程的支撑分析。

1. 分析可选择的电子商务技术

随着信息技术的发展，电子商务技术也在不断地更新，支持着电子商务的应用。下面下述几种最适合电子商务应用的领域。

（1）EDI（Electronic Data Interchange）技术。以报文交换为基础的数据交换技术推动了世界贸易电子化的发展。在电子商务中，EDI 技术不仅用于单证和贸易文件的交换和传递，而且可以将结构化数据集成应用到客户关系管理（如使用客户订单来安装产品）、与供应商及合作伙伴的商务交易等方面。

（2）条形码技术。在电子商务中，该技术主要用于各种商品的迅速判定和识别，以及客户身份的迅速判定与识别，并将这些数据信息集成到其他模块中。

（3）电子邮件。在电子商务中，应用电子邮件技术可以为企业内部员工、客户及合作伙伴等提供实时信息交流、自由论坛、信息查询和反馈平台。尤其是通过附加文档（attachment）技术不仅可以共享复杂的信息，加快信息的交流与共享，而且使远距离的写作更加方便快捷，缩短了信息传递的空间距离。

（4）WWW（万维网）技术。WWW 技术的应用可以分为基于 Internet 的应用和基于 Internet 的应用。其中，基于 Internet 的应用主要有信息发布、信息浏览、信息查询和信息处理；基于 Internet 的应用主要有信息发布、信息检索和信息处理。通过企业形象、产品、服务等信息的发布，达到宣传企业、推广其产品和服务的目的；通过信息的查询和检索，可以使用户从大量的商品数据源中检索到所需要的信息，方便地实现电子化交易。

（5）数据仓库和数据挖掘技术。在电子商务中，数据仓库和数据挖掘技术主要用于各种大量复杂数据信息的存储与分析，提高数据处理的效率，降低企业信息成本，协助企业发现商务交易汇总存在的问题，寻找所展现出来的未来竞争机会，为企业战略决策提供服务。

（6）电子表格技术。在电子商务中，电子表格技术可以更好地以一种规范的格式管理有关的交易数据，在涉及许多人同时完成不同的任务时可以跟踪整个过程，将人工输入数据同机器本身具有的数据集成起来，通过 WWW 和内部系统促进电子商务的实施。

2. 技术的选择与企业原有技术或系统衔接程度的分析

当企业决定实施电子商务并构建网站时，就需要分析与确定可以满足企业业务需求的各种技术的可行性。添置硬件系统和选择电子商务技术的原则应以与企业原有技术的衔接程度和提高企业业务能力为基准，同时需要考虑技术对电子商务网站功能实现的可支持程度。如果企业原有的技术运作良好，那么在原有的商业或技术的基础上开展电子商务无疑可以节省大量财力、物力和人力。例如，一个人才市场已经拥有一个数据结构合理、系统功能完备的人才数据库，那么该人才市场在构建人力资源网站时就可以充分利用该数据库系统，考虑原有硬件的兼容性，将其作为网站后台的基础数据库，在技术的选择上只要添置用于 WWW 浏览查询、邮件服务与CA 认证服务的软硬件就可以保证网站的运行。

3．技术的选择与利用对于网站功能实现的支持分析

电子商务网站构建的目标决定了网站的功能，目标层次越低，网站的功能就越简单。对于一个人力资源网站来说，如果其目标仅仅是为招聘单位和求职者提供信息发布平台，那么网站的主要功能是发布和浏览信息，只需要选择满足 WWW 服务的软硬件技术就可以达到目的。但如果其目标是让用人单位与求职者都能够方便地找到自己需要的信息，并进行互动交流，以及让人力资源管理人员之间进行网上互动交流，那么网站的主要功能就更复杂些，要包括信息发布、信息浏览、信息检索、信息反馈、网上支付、网上认证等，在技术的选择上要充分考虑对这些功能实现的支持程度，需要配备包括 WWW 浏览器、数据库服务器、邮件服务和认证服务器、防火墙/代理服务器、中间组件、客户操作系统网络服务操作系统、商务应用系统等在内的软硬件。

（三）经济可行性分析

经济可行性分析主要是指构建和运行网站的投入与产出效益的分析。

1．网站费用

建设一个好的网站，必须有大量的资金投入。有许多网站因为费用预算的失误而被迫在刚刚起步不久就停滞不前。他们或者是低估了所需费用，或者是把资金浪费在某些不重要的部分，因此网站建设费用的估算也是非常重要的。我们可以把网站的建设费用分为两大部分：正常的运行费用和维护及更新费用。

（1）正常的运行费用。正常的运行费用主要包括域名注册费用、线路接入费用和合法 IP 地址费用、服务器硬件设备、系统软件费用、开发费用网站的市场推销和经营费用等。

域名费用。注册域名之后，每年需要交纳一定的费用以维持该域名的使用权。不同层次的域名收费也不同，目前普遍使用的费率是：国内域名每年需人民币 300 元；国际域名的费率随注册服务商的不同而有所不同，可以直接向服务商询问价格。

线路接入费用和合法 IP 地址费用。不同 ISP、不同接入方式和速率的费用有所差，速率越高，月租费也越昂贵。IP 地址一般和线路一起申请，也需要交纳一定的费用，具体费用请询问本地 ISP 服务商。

服务器硬件设备。如果是租赁专线自办网站，还需要路由器、调制解

调器、防火墙等接入设备及配套软件，采用主机托管或虚拟主机则可以免去这一部分的接入费用。

如果进行主机托管或租用虚拟主机，那么可能要支付托管费或主机空间租用费。托管费一般按主机在托管机房所占空间大小（以 U 为单位，通常是指机架单元）来计算，空间租用费则按所占主机硬盘空间大小（以 MB 为单位）来计算。在很多情况下主机托管或虚拟主机的维护费用包括了接入费用，因此就不需要再另外支付接入费用了。

系统软件费用。包括操作系统、Web 服务器软件、数据库软件等。

开发费用。软硬件平台搭建好之后，必须考虑具体的 Web 页面设计、编程和数据库开发费用。

网站的市场推销和经营费用。包括为各种形式的宣传活动所支付的费用、为内容的授权转载而付出的费用以及其他在网站经营过程中所付出的额外费用等。

（2）维护及更新费用。维护及更新费用主要指网站建成后期的平台维护及内容更新所发生的费用。网站的维护是个长期的过程，一些单位只考虑购买设备的费用，每年的维护费用却没有预算在内，结果出现买得起，用不起的局面。网站实际发生的正常运行费用是有限度的，但要维持一个网站，维护及更新费用却是无限的，最重要的一项是内容更新费用。一个网站办的好不好，关键在于内容更新的频率、知识含量的高低以及免费服务的项目，这部分费用是很昂贵的。目前我国网上对知识产权的保护还很薄弱，这方面的管理加强后，发生的费用还要高。

2. 网站收益

电子商务网站收益是指来源于网站运营的经济收入。目前，电子商务网站的收益途径主要有直接收益、间接收益和品牌收益。

（1）直接收益。直接收益是指电子商务网站通过网络运行一段时间后，所产生的明五经济效益。与传统的商业经营相比，网站的直接收益主要通过在线销售、网上信息和服务获取。

（2）间接收益。这类收益是指电子商务网站通过其相关业务而获取的收益。网络是一种高效的信息发布、信息处理和交流的工具，它渗透到社会经济和生活的各个方面，电子商务网站对相关业务的积极影响可以视为一种收益。目前，在电子商务网站的收益中，间接收益的比重较大，例如，企业的网站宣传推介、网上采购和推销、业务推广、业务组织、经营管理等都属间接收益。

（3）品牌收益。网站的品牌收益是电子商务兴起初期的一个特点。不少电子商务网站把知名度、点击率作为网站运营的目标。与其他收益相比，品牌是一种更间接的收益方式。品牌既对网站有影响，又不能脱离网站的内容和功能而独立存在。由于网络行业自身的特点，其信息透明度很高，品牌相对其他传统行业的作用较低，因而电子商务网站的品牌收益实际上更多地取决于网站的内容和功能。

三、建站方式的选择

随着网络技术的高速发展，基于网络技术的应用日益增多。一方面，新技术的应用改变着人们的日常生活和工作模式；另一方面，新技术的不断发展为最终用户建设、使用、维护、运营带来困扰，使最终用户无法将主要精力集中在自己的核心业务上。同时，网络时代对时效的要求愈来愈严格，使最终用户对提高网络系统的维护运行水平的要求也愈加强烈，并对建站方式产生了很大的影响。

（一）建站方式

企业或组织在Internet上建立适合自己需求的网站有"自主建站"和"服务外包"两种方式。

1. 自主建站

就是建立网站所涉及的诸如接入、内容、商务、维护等各个方面的问题均由企业或机构自行考虑和解决的一种建站方式。

2. 服务外包

服务外包就是把企业的网站放到一个Internet服务提供商的机房。客户通过租用Internet服务商的服务器和带宽，并借用Internet服务商的技术力量，根据自己的要求完成所有软硬件配置的建站方式。

Internet服务商提供的服务主要包括：网站寄存、客户服务、网站管理、监控与维护、内容策划、推广服务、网上出版、电子商务服务和网上商场等，同时也包括一些属于在线服务的项目内容。

随着网络资源服务市场的日益成熟，"服务外包"现在主要有：虚拟主机、整机租用和服务器托管等三种方式可供选择。

（1）虚拟主机。依托于一台服务器（计算机），多个网站可以在这台服务器上共享各种资源（如硬盘、CPU、内存等），每一个虚拟主机方式的网站都有独立的域名和 IP 地址（或共享的 IP 地址），各自均具有完整的 Internet 服务器功能。一台服务器上可以同时运行几十个乃至几百个虚拟主机方式的网站，这些网站在同一个硬件平台和操作系统上，运行着不同的网站用户服务程序，在外界看来互不干扰，每一个"虚拟"主机和一台独立的主机表现完全一样。据统计，目前 Internet 上超过 90%的网站采用的都是虚拟主机方式。其特点包括以下几个方面：建立网站的费用相对低廉；建立网站的企业不需要网站系统维护人员；对网站的建设要求相对简单，网站的建设规模不大；对网站的实时交互应用要求不高；对网络带宽的要求不高，允许许多网站共享同一带宽；对网站的安全性、可靠性、可扩展性、实时更新的要求不高；由于多个网站共享一台服务器资源，许多功能和属性在使用时受到了限制。虚拟主机的方式能够满足诸如小型商业企业、社会团体以及任何相对简单的网站建设需求。

（2）整机租用。整机租用是一台服务器（计算机）只能被一个网站用户使用，并且由网络资源服务商替代用户进行管理维护。

（3）服务器托管。服务器托管是客户把一台服务器（计算机）放置在网络资源服务器的中心机房，由网站用户自己进行维护，或者委托他人进行远程维护。采用服务器托管或整机租用方式，其特点包括以下几个方面：网站的成本相对较高；配备有网站系统维护经验的专家；对网站建设的需求相对复杂；对网站的实时交互应用要求高；对网络带宽要求高，一般只允许一个网站独占带宽或与少数几个网站共享带宽；对网站的安全性、可靠性、可扩展性、实时更新的要求高；只有一个网站独占服务器资源，网站在功能和属性上的特殊要求能够得到满足；对大型网站还可提供镜像技术、流量均衡分配技术等技术支持。选择服务器托管或整机租用方式，对致力于发展电子商务的企业和提供各种互联网服务的企业无疑是明智之举。采取这两种方式可以使自己的网站获得良好的主机环境，可以对网站发生的各种情况及向访问者提供的各种服务进行全方位的实时控制。

（二）ISP 的选择

1. ISP 网络服务提供商简介

ISP（Internet Service Provider）是互联网服务提供商的简称，是指专门从事互联网接入服务和相关技术咨询服务的企业和企业，是众多企业和个人用户进入 Internet 空间的驿站和桥梁。ISP 服务商通过自己拥有的服务器和专门的线路 24 小时不间断地与互联网络连接：当企业需要进入 Internet 时，只要先通过电话网络与 ISP 端服务器连接好，然后就可以与全世界各地连接在互联网上的计算机进行数据交换。

根据经营业务的不同，ISP 有很多类型：一是"拨号 ISP"，它们从事"多点现场服务"（Many Points of Presence，简称 MPOP），通过调制解调器从一个服务器拨号接入 Internet；二是"后端 ISP"，它们从事网络服务器服务，通过服务器的高速数据缓冲储存器（Cache）向大量用户提供经常性接入信息服务；三是"前端 ISP"，从事高效的接入服务，并通过服务器的高速数据缓冲储存器向局域网用户提供服务。

实际上，ISP 的服务应该包括接入服务（简称 IAP）和信息内容服务（简称 ICP）两个方面。IAP（Internet Access Provider）是指专门从事为终端用户提供网络接入服务和有限的信息服务服务提供商；ICP（Internet Content Provider）是指那些在互联网上提供大量丰富且实用信息服务的服务提供商，它允许使用专线上网、拨号上网等各种方式访问自己的服务器，为用户提供全方位的信息服务。随着经营范围和内容的拓展，IAP 和 ICP 的有机结合是今后发展的重要方向。

许多大型的 ISP 为客户提供的是一站式专业外包服务和完整的电子商务解决方案服务，其中包括企业接入、主机托管、虚拟主机定制租用等基本电信服务；网络安全、网络加速、储存备份、网站监控等管理服务；企业网站规划、网站建设、网站营销、网站集成等专业服务。ISP 可以为企业创建一个完整的网络营销环境，如电子商务网站建设包括域名注册、网站风格设计、网页设计、电子邮件、广告管理系统设计、统计分析系统设计、产品发布系统设计、搜索引擎系统设计等。电子商务网站维护包括网页的增加和维护、网络安全服务、数据备份、网络加速服务和网站监控服务等。

收费标准会因 ISP 的品牌、规模、技术实力、知名度不同差异较大。一般规模大、技术实力强、知名度高的 ISP 提供的服务有保证，但是收费也会高些。但随着进入 ISP 行业的企业数的增加，这方面的市场竞争会越来越激烈，服务的价格也会变得越来越灵活。

2. ISP 的选择

选择 ISP 是很重要的，会直接影响到 Web 站点的成功。有些 ISP 尽管价格低廉，但可能导致 Internet 链接的速度很慢，访问企业页面时，打开页面的时间会很长，而访问者不可能久等，就会终止访问。如果所选择的 ISP

服务不可靠，即使花再多的时间，也访问不到页面，这就会影响到访问企业页面的人数，使顾客满意度下降。因此，在选择 ISP 时，必须慎重，应该考虑到以下几个方面。

（1）必须提供完善而且系统的售前、售后培训服务。ISP 解决企业上网的实际问题，为企业做好网站框架设计、网页设计、人员设定等准备工作。没有此服务的 ISP 将只能提供资源，而这种服务是不完善的，不利于企业上网经营，充其量只是一个有域名的网站而已，这对于企业进行网上经营的初衷而言是没有什么意义的。

（2）必须能直接或间接提供强大而稳定的电信局上网服务。无论是 DDNJSDN 等专线服务，还是简单的电话拨号服务，ISP 必须帮助企业网站借助电信资源获取稳定的高速接入。

（3）必须是具备权威资质的域名代理机构。在网上 24 小时为企业注册网上商标——域名，并形成多年的延续性服务。针对企业级用户，不仅价格要具备竞争力，最主要的是还要有一套完善的服务体系。

（4）能够根据企业的需要，为企业量身打造网上企业。能为企业提供虚拟主机服务、性能价格比合理的网站空间、网站电子信箱服务、域名自动指向等一站式购买的一体化服务.并提供多项免费服务，例如自动域名注册（网上自助，只有注册费，无手续费）、域名解析更换网络服务器）、多域名指向（多个域名指向同一个磁盘空间）和免费网页制作等:

（5）能够为企业提供电子商务的后台支持解决方案。为企业提供成体系的技术外包服务，包括各种有助于企业网上经营的支付、配送实现的通信手段，带动企业网上商机的有效互动。能够为企业创建一系列安全可靠的网上商务运作工具，确保企业各项核心业务的数据处理运营稳定无差错。

（6）能够为企业提供有效而且超值的网站宣传。这些宣传包括 ISP 自身的门户级网站主页宣传，数百家搜索引擎链接宣传，以及提供在百万级企业广告互换平台上进行宣传的解决方案，性价比高，服务到位。

四、域名的选择与注册

（一）域名的选择

域名是一个网站在 Internet 上的标识，是企业的网络商标。虽然用户可以通过 IP 地址来访问每一台主机，但是要记住那么多的数字串显然非常困难，因此产生了域名。域名由若干层组成，按照地理或机构分层，各层之间用小数点分开。一个完整的域名，从右到左依次为最高域名段、次高域名段和主机名，例如"招聘网"的域名为：zhaopin.com。域名前加上传输协议信息及主机类型信息就构成了网址。选择一个好的域名是一个网站成功经营的开始，因为网站的每一个客户都是通过域名被引导到网站上的，因此一个好的域名对人力资源网站来说是非常重要的。

域名就好比互联网上的商标和品牌，是一笔无形的资产。域名也是进入互联网给人的第一印象，当客户看到一个网站的域名时，就应该让他联想到网站的品牌、产品。而且它具有全球唯一性，因此它的价值可能会高于传统的名字、商标。所以，建立网站的第一步，就是给网站起个好名字。

确定域名时，要选择有显著特征和容易记忆的单词，能够给人留下深刻的印象。一个好的域名往往与单位信息一致，比如单位名称的中英文缩写、企业的产品注册商标、与企业广告语一致的中英文内容、比较有趣的名字等等，如 hello、yes、168、163 等。

拥有一个好的域名就意味着有了成功的开端，但在选择域名时，如果你有多个域名，可采取多域名策略，即同时推广几个域名，在对主要域名注册的同时，有必要对和自己主要域名相关的域名进行注册，即使有些域名根本就没有投入使用。

（1）为了避免与其他网站混淆。域名后缀".com"或者".net"的域名分属不同所有人时，很容易造成混淆，例如网易与 163 电子邮局就是这种情况，许多网民并不了解163.net 和 163.com 归不同的网站所有，因而才会出现当 163 电子邮局无法登录时用户抱怨网易的现象。如果一个域名为两家竞争者所拥有，可以想象将造成多大的混乱，对双方都将产生不利的影响。

（2）保护品牌名称或者注册商标。一个企业可以拥有多个商标名称，企业名也可能与商标名不一致，因此，除了以企业名申请域名外，还可以为每个商标名申请一个域名。由于现在域名的长度可以多达 67 个字符，因此，除了注册较短的企业名称缩写的域名外，还可以注册一个企业完整名字的域名，让顾客可以根据企业名称想象到网站域名。

对于知名企业或网站来说，由于域名被抢注的可能性更大，往往需要注册更多的域名来作为保护。

（二）域名的注册

选择好域名以后，就应该马上进行注册，要知道域名的注册是遵循先申请先注册的原则，没有预留服务。因此，我们在选择了一个合适的域名之后，要根据相应的注册程序马上注册。

（1）选择域名注册服务提供商。提供域名注册服务的服务商很多，应该选择具有一定经营规模并且能够为用户提供便捷服务的站点。比如 www.cnnic.net、www.net.cn 等。

CNNIC（中国互联网络信息中心）是成立于 1997 年 6 月 3 日的非营利的管理服务机构，行使国家互联网络信息中心的职责。在业务上受信息产业部的领导，在行政上受中国科学院的领导。CNNIC 的主要服务有：注册服务、域名注册、IP 地址分配、自动系统号分配等。

中国万网（www.net.cn）一直专注于中国网络体系建设，是中国最大的域名注册和网站寄存服务提供商。万网先后帮助客户注册中英文域名近 60 万个，为十多万家企业提供快速、稳定、安全的网站和邮箱托管服务。

（2）域名注册流程。这里我们选择万网作为域名注册商。注册一个域名前，我们需要进行域名查询，用来判断选择的域名是否可以使用，首先登，录 www.net.cn 的主页。如果申请的域名已被注册，则视为发生了域名冲突。一般解决冲突的办法是换一个相近的名称，或是在申请的域名中加入或一些字母等，也可以选择其他可用的域名。如果用户想要注册的域名还没有被注册，这时你就可以进行注册了。单击立即注册，进入填写注册表单页面，相关信息填写完成后，要求用户核对信息，如果确定所填信息无误，即可提交，然后根据要求交纳域名使用费，通常采用网络支付或者汇款等方式。完成以上几步，域名注册工作就全部完成了。

五、人力资源网站设计

人力资源网站设计可以包括内容设计、结构设计和页面设计。

（一）网站内容设计

商务网站作为在 Internet 上展示企业形象、企业文化、进行商务活动的信息平台，其内容的设计是一项重点，它最直接地影响到一个网站受欢迎的程度。

1. 商务网站内容及功能的确定

任何一个网站的内容都应该有静态和动态之分，人力资源网站当然也不例外。下面分别对其进行一些简单的介绍。

（1）网站的静态内容。网站的静态内容是指网站内容中相对不变的部分，像网站的名称、标志等等，其主要作用是维持整个网站的风格，使网站访问者能够在一个熟悉的环境下浏览网页的内容，这也是维持网站形象的一个重要手段。一个网站形象的塑造是需要很长时间的，网站形象是网站的重要资源。因此，为了保持网站的形象，对网站的静态内容一定要有详细、周密的计划。当然，网站的静态内容只是相对静态的，并不是一成不变。但是这种改变只是在保持原有风格的基础上，对页面内容的布局做一些调整和修改。这样，网站的整体风格没有变化，但页面也许会比以前更好看，会给人耳目一新的感觉。另外，一些不经常改变的页面也可以称为网站的静态内容，例如企业简介、联系方式、帮助信息、版权信息等。这些内容基本上是固定的，因此可以采用静态页面来实现，这些页面通常很少更改，或者是只更改少量内容。

（2）网站的动态内容。网站的动态内容是网站内容的主体，整个网站的价值就体现在这里，因此网站建设者必须重视这部分内容。

网站的动态内容是网站经常更新的内容。一个网站建设者，应该了解哪些内容属于网站动态内容。例如，人力资源网站上的业界新闻、求职信息、招聘信息及论坛等就极具时效性，这些作为动态内容都很好理解，新闻不及时更新就不能称之为新闻。求职招聘信息也一样，会很快失效，需要新的信息去替换它，否则网站就会失去访问者。论坛则更加明显，里面的文章以及回应都是不断变化的。所以要提高访问者的兴趣，及时更新网站的内容是必不可少的。

2. 商务网站内容设计的基本原则

以上我们对网站内容进行了静态和动态的区分，下面我们再归纳一下内容设计过程中应遵循的一些基本原则。

（1）提供的内容要新颖、精辟、专业。商务网站的目的是通过提供一定的内容，根据这些内容进行电子商务活动，获取收益。而用户访问网站的主要目的是寻找自己感兴趣的信息。因此，企业要提高其电子商务网站的点击率，增加企业的效益，就必须先在网站的内容上多下功夫，提供的内容要新颖、精辟、专业、有特色。内容设计要有组织，形式与内容要和谐统一。同时网站的内容还要及时更新，网页的内容应是动态的，只有内容不断更新，才能长期吸引浏览者。

（2）注意网站的运行速度。很多人在网站设计的过程中，过多地使用各种网页设计技巧，而忽视了网站运行速度的问题。因此必须缩短用户得到他们所需要信息所花费的时间。太长的下载时间和缓慢的 Web 查询只能令客户望而生畏，他们将中断访问或不再访问你的站点。因此，在设计与组织页面内容时，我们应注意如下一些问题。

1) 避免使用太大的图片。在页面中尽量避免使用太大的图片，如果必须使用，可事先在图形优化软件中进行分割、优化，然后在页面中使用。还可以使用压缩软件，在尽量保证图片质量的前提下，获得体积最小的图片。

2) 不要滥用尖端技术。网站设计的新技术层出不穷，在页面中要慎重使用尖端技术，因为用户永远是为信息而上网的，毫无节制地在客户面前卖弄新的视觉技术，其效果只会适得其反，不仅分散用户的注意力，还会增加网页的下载时间。

（3）方便用户访问和使用。一个电子商务网站合理地组织自己要发布的信息内容，以便让消费者能够快速、准确地检索到要查找的信息，是其内容组织成功的关键。当用户进入一个网站后如果不能迅速地找到自己要找的内容，那么这个网站很难吸引住浏览者。因此，有必要将一些信息进行分类，并提供对各种信息入口的检索功能。要尽量减少用户在购买过程中出现的干扰信息（如广告等）；要为用户提供个性化的服务，与用户建立一种非常和谐的亲密关系；要尽可能地考虑客户的需求，为他们提供更周到、更完善的服务。同时，网站要有一定的交互能力，如采用留言簿、反馈表单、在线论坛等方式以方便用户与企业网站进行信息的相互交流，加强企业与客户的联系。

（二）网站结构设计

对于一个内容丰富的网站，需要设计的栏目很多，要求对网站的结构进行认真的分析和设计。一个合理的、符合逻辑的网站结构无论是对网站的建设还是网站以后的管理、维护都是大有裨益的。

1. 目录结构的设计

目录结构又称为物理结构，它解决的是网页文件在硬盘上的存放位置。站点的目录结构是否合理，对站点的创建效率会产生较大的影响，但更重要的是对于站点本身的上传维护、未来内容的扩充和移植会产生很大的影响。所以说网页文件无论放在哪里对访问者虽没什么关系，但是站点管理员必须清楚地知道每一个网页文件的位置。比如说，如果网站的所有网页文件都放在同一个目录下，一旦文件很多时，就很难区分哪些是属于同一个栏目的，更新起来就特别麻烦。下面对建立目录结构提出一些建议。

（1）不要将所有文件都存在根目录下。有些网站设计者为了方便，将所有文件都放在根目录下。这样做会造成以下不利影响。

1）文件管理混乱。常常搞不清哪些文件需要编辑和更新，哪些无用的文件可以删除，哪些是相关联的文件，从而影响工作效率。

2）上传速度慢。服务器一般都会为根目录建立一个文件索引。当你将所有文件都在根目录下时，即使只上传更新一个文件，服务器也需要将所有文件再检索一遍。很明显，文件量越大，等待的时间也将越长。所以，建议尽可能减少根目录的文件存放数。

（2）按栏目内容建立子目录。子目录的建立，首先按主菜单栏目建立企业站点。其他的次要目录需要经常更新的栏目，可以建立独立的子目录。而一些相关性强及不需要经常更新的栏目，如关于本站、站长、站点经历等，可以合并放在一个目录下。所以程序一般都放在特定目录下，便于维护管理。所有需要下载的内容也最好放在一个目录下。

（3）在每个主目录下都建立独立的 Images 目录。将图片及资源文件都放在一个去工的 Images 目录下，可以使目录结构更加清晰。但是也不要只在根目录下建一个 Images 目录，然后将所有的文件图片都放在里面，这样对于目录层次比较深的页面来说，管理其不等的图片就很不方便。最好在每一个主目录下都建立独立的 Images 目录。

（4）目录的层次不要太深。目录的层次建议不要超过 3 层。原因很简单，为了方便管理。

（5）不要使用中文目录名。因为站点是对 Internet 所有用户开放的，所以要保证使用非中文操作系统的客户也能正常访问站点。对于目录名，最好都使用英文。

（6）可执行文件和不可执行文件分开放置。建议将可执行的动态网页文件和不可执行的静态网页文件分别放在两个目录下，然后将存放可执行网页文件的目录设为不可读。这样做的好处是可以避免出现动态文件被读取的安全漏洞。

2. 链接结构的设计

电子商务网站是复杂的综合网站，一方面自身是由一系列的页面所构成，其结构主要是通过各种形式的超级链接来实现的；另一方面还要考虑与其他相关网站的链接，便于用户更方便地获取信息。总的来讲，网站的链接结构就是指页面之间相互链接的拓扑结构。它建立在目录结构基础上，但可以跨越目录。形象地说，每个页面都是一个固定点，链接则是在两个固定点之间的连线。一个点可以和一个点连接，也可以和多个点连接。更重要的是，这些点并不是分布在一个平面之上，而是存在于一个立体的空间中。

我们研究网站链接结构的目的在于用最少的链接，得到最高的浏览效率。一般来说，网站的链接结构有两种基本方式。

（1）树状链接结构（一对一）。类似 DOS 的目录结构，首页链接指向一级页面，一级页面链接指向二级页面。浏览这样的链接结构时，一级一级地进入，一级一级地退出。该结构的优点是条理清晰，访问者明确知道自己在什么位置，不会迷路。缺点是浏览效率低，一个栏目下的子页面到另一个栏目下的子页面，必须绕经首页。

（2）星状链接结构（一对多）。类似网络服务器的链接，每个页面相互之间都建立链接。这种链接结构的优点是浏览方便，随时可以到达自己想看的页面。缺点是链接太多，容易使浏览者迷路，搞不清自己在什么位置，看了多少内容。

在实际的网站设计中，只使用一种链接结构的情况很少，在大部分情况下总是将这两种结构混合起来使用。我们希望浏览者既可以方便快速地浏览到自己需要的页面，又可以清晰地知道自己所在的位置。所以，最好的办法是：首页和一级页面之间用星状链接结构，一级和二级页面之间用树状链接结构。

链接结构的设计，在实际的网页制作中是非常重要的一环：采用什么样的链接结构直接影响到版面的布局。例如，你的主菜单放在什么位置，是否每页都需要放置，是否需要用分帧框架，是否需要加入返回首页的链接。在链接结构确定后，再开始考虑链接的效果和形式，是采用下拉表单，还是用 DHTML 动态菜单。

随着电子商务的推广，网站的竞争越来越激烈，对链接结构设计的要求已经不仅仅局限于可以方便快速地浏览，而更加注重个性化和相关性。如何尽可能地留住访问者，是网站设计者必须考虑的问题。

六、网站页面设计

1. 网页的版面布局设计

虽然网页技术的发展使得我们开始趋向于学习场景的编剧，但是固定网页版面设计基础依然是必须学习和掌握的。它们的基本原理是相通的。你可以领会要点、举一反三。版面指的是通过浏览器看到的完整的一个页面（可以包含框架和层）。因为每个人的显示器分辨率不同，所以同一个页面的大小可能出现 640×480 像素、800×600 像素、1024×768 像素等不同尺寸。布局则指的是以最适合用户浏览的方式将图片和文字排放在页面中。

具体到网站的每一个网页，其排版布局要达到一种和谐的状态才算是一种成功的网页设计，同样的图像和文字，用不同的方式将其组合起来，很可能产生截然不同的效果。网页的内容和页面的形式都是网站设计者必须考虑的，只考虑内容，不重其形式，会影响用户浏览时的情绪；只顾页面的排版形式，不顾内容，用户也不会欢迎。二者缺一不可，少了任何一个，都是失败的设计。

2．版面布局的步骤。版面布局的步骤如下。

（1）草案设计。草案设计属于创造阶段，不讲究细腻工整，也不必考虑细节功能，只以粗陋的线条勾画出创意的轮廓即可。这种设计图要尽可能多画几张，最后选定一幅较满意的作为继续创作的脚本。

（2）粗略布局。在草案的基础上，将需要放置的功能模块安排到页面上。功能模块主要包含网站标志、主菜单、新闻、搜索、友情链接、广告条、邮件列表、计数器和版权信息等。注意，这里我们必须遵循突出重点、平衡协调的原则，将网站标志、主菜单等重要的模块放在最显眼、最突出的位置，然后再考虑次要模块的排放。

（3）最后定案。将粗略布局精细化、具体化，最后达到满意定案。

3．常见的版面布局形式

常见的版面布局有以下几种。

（1）"T"型布局。所谓"T"型就是指页面顶部为"横条网站标志+广告条"，下方左面为主菜单，右面显示内容的布局。因为菜单条背景较深，整体效果类似英文字母"T"，所以称为"T型布局，这是网页设计中使用最广泛的一种布局方式。这种布局的优点是页面结构清晰、主次分明，且是初学者最容易掌握的布局方法。缺点是规矩呆板，如果色彩细节上再不注意，很容易让人看后乏味。

（2）"口"型布局。这是一个象形的说法，就是页面一般上下各有一个广告条，左面是主菜单，右面放友情链接等，中间是主要内容。这种布局的优点是充分利用版面，信息量大；缺点是页面拥挤，不够灵活。也有将四边突出，只用中间的窗口型设计的。

（3）"三"型布局。这种布局多用于国外站点，国内使用得不多。特点是页面上横向有两条色块将页面整体分割为三个部分，色块中大多放广告条。

（4）对称对比布局。顾名思义，采取左右或者上下对称的布局，一半深色，另一半浅色，一般用于设计型站点。优点是视觉冲击力强，缺点是若想将两部分有机地结合起来比较困难。

以上总结了目前网络上常见的布局，此外还有许多别具一格的布局，关键在于网站本与的创意和设计。

4．页面版面布局应遵循的原则

（1）正常平衡。亦称"匀称"。多指左右、上下对照的形式，主要强调秩序，能达到安定、诚实和可信赖的效果。

（2）异常平衡。即非对照形式，但也要平衡和韵律，当然都是不均衡的，这种布局能起到突出和引人注目的效果。

（3）对比。所谓对比，是指不仅利用色彩、色调等技巧来表现，在内容上也可涉及色彩、新旧等要素的对比。

（4）空白。空白有两种作用，一方面表示网站的突出卓越，另一方面也表示网页布局更加平衡，这种表现方法对体现网页的格调十分有效。

（5）尽量用图片解说。此法用于对不能用语言表达的情感，特别是图片解说的内容可以传达给浏览者更多的感性认识。

以上的设计原则，虽然有些枯燥，但是如果网页设计人员能领会并活用到网页布局里，效果就大不一样了。比如，网页的白色背景太虚，则可以加些色块；版面零散，可以用线条和符号串来分隔；左面文字太多，则右面可以插张图片以保持平衡；表格太过死板，则可以改用倒角或圆角等。

5．页面中图片和文字的处理

用户在网上一般会四处漫游，必须设法吸引他们对企业站点的注意力，所以企业电子商务网站的设计中要善于利用一些特色的效果，页面上最好有醒目的图像、新颖的画面、美观的字体，使其别具特色，令人过目不忘。

（1）图片的使用。图像的内容应有一定的实际作用，切忌虚饰浮夸，最佳的图像应集美观与信息内容于一体。图像总是为页面的使用而服务的，一幅大而漂亮的图片，如果妨碍了页面所要进行的工作，就会降低页面的整体质量。在这种情况下，使用小图像甚至不使用图像将是更好的选择。

一个页面的好坏在于它是否提供了有用的信息，所以不管图像如何漂亮或标新立异，也不能随意将它加入页面中。图像可以弥补文字的不足，但并不能够完全取代文字。很多用户把浏览软件设定为略去图像，只看文字以求节省时间。因此，制作页面时，必须注意将图像所包含的重要信息或链接指示用文字替代功能重新表达一次。

（2）网站字体。网站字体的使用，要注意以下几点。首先，不要用太大或太小的文字。因为版面是宝贵而有限的，粗陋的大字不能给浏览者更多的信息。文字太小，用户读起来难受；文字太大，或者文字视觉效果变化频繁，用户看起来很不舒服。另外，按当代中文的阅读习惯，文本大都是居左的，所以最好是让文本左对齐，而不是居中。当然，标题一般应该居中，因为这符合浏览者的阅读习惯。其次，避免过多使用不停闪烁的文字。闪烁的文字看起来好玩，但它可能使用户分心，最好避免过多地使用。有的网页设计者想通过闪烁的文字引起浏览者的注意，但一个页面中最多不要超过三处闪烁的文字，太多了则给用户一种眼花缭乱的感觉，影响用户去访问该网站的其他内容。再次，不要使用不常用的字体。网站中应该使用常用的字体，如"宋体""楷体"等。如果使用不常用的字体制作网页，就会使客户端访问网页时达不到理想的效果。

6. 网页的色彩效果设计

网页的色彩也是树立网站形象的一个要素。色彩搭配看似简单，实际上却是网页设计中很难处理的问题之一，如何运用最简单的色彩表达最丰富的含义是网页设计人员应认真思考的问题。在网页设计中，根据和谐、均衡和重点突出的原则，将不同的色彩进行组合、搭配来构成美丽的页面。色调及黑、白、灰的三色空间关系无论是在设计上，还是在绘画上都起着重要的作用。但是需要注意，每个网站都应该有自己的主色调，不可为追求视觉效果而滥用颜色。例如号称蓝色巨人的 IBM 就用蓝色作为自己网站的主色调。此外，色彩还会对人们的心理产生影响，应合理地加以运用。按照色彩的记忆性原则，一般暖色较冷色的记忆性强。另外，色彩还具有联想与象征的特性，例如，红色象征火、血、太阳，蓝色象征大海、天空和水面等。

在色彩的运用过程中，还应注意的一个问题是由于国家和种族的不同，宗教信仰、地理位置以及文化修养的差异，不同的人群对色彩的喜恶程度有很大的差别，生活在闹市中的人们喜欢淡雅的颜色；生活在沙漠中的人们喜欢绿色。在设计中要考虑到网站的主要读者群的背景和构成。

　　另外，在网页色彩的处理上，要注意以下两点，一方面色彩的使用要与众不同，有自己的个性，这样网页才引人注目，并给用户留下深刻的印象。另一方面色彩的使用要考虑到浏览者的心理感受，一定要合理搭配，从总体上给人一种和谐、愉快的感觉。

参 考 文 献

[1] 刘泽双. 人力资源管理[M]. 大连：东北财经大学出版社，2009.

[2] 黄立军. 中小企业人力资源管理实务[M]. 广州：广东经济出版社，2008.

[3] 胡红林. 人力资源管理[M]. 哈尔滨：黑龙江人民出版社，2006.

[4] 刘善仕. 人力资源管理[M]. 广州：华南理工大学出版社，2006.

[5] 谢青. 人力资源管理[M]. 西安：陕西人民出版社，2008.

[6] 唐东方. 人力资源管理使用操作经典[M]. 北京：人民出版社，2006.

[7] 赵中利. 人力资源管理[M]. 青岛：中国海洋大学出版社，2007.

[8] 张霞. 中国特色的企业管理方略[M]. 太原：山西出版集团，2009.

[9] 魏新. 人力资源管理概论[M]. 广州：华南理工大学出版社，2007.

[10] 王琪延. 企业人力资源管理. 北京：中国物价出版社，2002.

[11] 温志宏. 中小企业创业与管理（下册）[M]. 武汉：华中科技大学出版社，2006.

[12] 张尚国. 中小企业规范化管理制度与表格[M]. 北京：中国纺织出版社，2010.

[13] 赵志军. 中外管理思想史[M]. 长春：吉林人民出版社，2010.

[14] 马作宽. 组织凝聚力[M]. 北京：中国经济出版社，2009.

[15] 查尔斯·H·扎斯特罗（美）. 人类行为与社会环境[M]. 北京：中国人民大学出版社，2006.

[16] 张满林. 管理学理论与技能[M]. 北京：中国经济出版社，2010.

[17] 李强. 管理心理学[M]. 北京：北京工业大学出版社，2002.

[18] 梁文潮. 中小企业经营管理[M]. 武汉：武汉大学出版社，2009.

[19] 秦璐. 人力资源管理[M]. 广州：中山大学出版社，2006.

[20] 李盾. 中小企业 WTO 知识读本[M]. 北京：对外经贸大学出版社，2003.

[21] 徐立青等. 中小企业国际化经营战略[M]. 北京：科学出版社，2005.

[22] 刘桂萍. 中小企业人力资源管理五日通[M]. 北京：经济科学出版社，2007.

[23] 魏国辰. 中小企业改革和发展问答[M]. 北京：经济科学出版社，1999.

[24] 拓维文化工作室. 中小企业人力资源组织与管理[M]. 北京：中国纺织出版社，2001.

[25] 郝忠胜. 人力资源组织与绩效评估[M]. 北京：中国经济出版社，2005.

[26] 吴国存. 人力资源开发与管理概论[M]. 天津：南开大学出版社，2001.

[27] 王火平. 人力资源管理[M]. 郑州：郑州大学出版社，2009.

[28] 刘翠芳. 现代人力资源管理[M]. 北京：北京大学出版社，2010.

[29] 汪玉弟. 企业战略与 HR 规划[M]. 上海：华东理工大学出版社，2008.

[30] 李广义. 人力资源管理[M]. 天津：天津大学出版社，2009.

[31] 谌新民. 新人力资源管理[M]. 北京：中央编译出版社，2002.

[32] 王福新. 人力资源管理[M]. 北京：石油工业出版社，2001.

[33] 潘晓云. 人力资源管理[M]. 上海：立信会计出版社，2005.

[34] 苏列英. 人力资源管理[M]. 西安：西北工业大学出版社，2003.

[35] 王健. 现代管理教育与培训系列教材：现代企业人事管理[M]. 北京：航空工业大学出版社，1989.